法官说法丛书

全国"八五"普法推荐读物

# 担保合同纠纷典型案例解析

鲁桂华 / 主编

中国法制出版社
CHINA LEGAL PUBLISHING HOUSE

# 《法官说法丛书》（第二辑）
## 总编委会

**主　编**

凌　斌　北京大学法学院教授、博士生导师

**编　委**（按姓氏拼音排序）

安凤德　北京市高级人民法院党组副书记、副院长

靳学军　北京知识产权法院党组书记、院长

李艳红　北京金融法院党组成员、副院长

廖春迎　北京市第二中级人民法院副院长

娄宇红　北京市房山区人民法院党组书记、院长

邵明艳　北京市海淀区人民法院党组书记、院长

张　雯　北京互联网法院党组书记、院长

张仲侠　北京市高级人民法院审监庭庭长

**执行主编**（按姓氏拼音排序）

韩君贵　北京市高级人民法院审判监督庭四级高级法官

贾　薇　北京市房山区人民法院审判管理办公室（研究室）主任

孙铭溪　北京互联网法院综合审判三庭庭长，四级高级法官

张金海　常务执行主编，中国音乐学院副教授

张　敏　北京市海淀区人民法院政治部教育培训工作组组长

郑飞飞　北京市平谷区人民法院审判管理办公室（研究室）主任，四级高级法官

祝兴栋　北京市第二中级人民法院研究室副主任，二级高级法官助理

# 本书编委会

主　　编　鲁桂华　北京市第二中级人民法院党组书记、院长

副 主 编　董建中　北京市第二中级人民法院党组成员、副院长

　　　　　毕东丽　北京市第二中级人民法院党组成员、副院长

　　　　　廖春迎　北京市第二中级人民法院副院长

　　　　　周瑞生　北京市第二中级人民法院党组成员、副院长

执 行 主 编　葛　红　北京市第二中级人民法院民三庭庭长

执行副主编　孙兆晖　北京市第二中级人民法院民三庭副庭长

# 作　者

葛　红　北京市第二中级人民法院民三庭庭长、三级高级法官、北京市审判业务专家

刘春梅　北京市高级人民法院民二庭副庭长、三级高级法官

王　楠　北京市第二中级人民法院民三庭副庭长、三级高级法官

孙兆晖　北京市第二中级人民法院民三庭副庭长、三级高级法官、北京市审判业务专家

石　磊　北京市第二中级人民法院民三庭副庭长、四级高级法官

石　婕　北京市第二中级人民法院监察室副主任

邢　军　北京市第二中级人民法院民三庭三级高级法官

罗　珊　北京市第二中级人民法院民三庭三级高级法官

曹　欣　北京市第二中级人民法院民三庭三级高级法官

钱丽红　北京市第二中级人民法院民三庭三级高级法官

李　丽　北京市第二中级人民法院民三庭三级高级法官

王　朔　北京市第二中级人民法院民三庭四级高级法官

杨　光　北京市第二中级人民法院民三庭四级高级法官

李　楠　北京市第二中级人民法院民三庭四级高级法官

陈碧玉　北京市第二中级人民法院民三庭一级法官助理

任永军　北京市第二中级人民法院民三庭一级法官助理

姜　源　北京市第二中级人民法院民三庭二级法官助理

张　翼　北京市第二中级人民法院民三庭二级法官助理

牛晓煜　北京市第二中级人民法院民三庭二级法官助理

余周祺　北京市第二中级人民法院民三庭三级法官助理

李　爽　北京市第二中级人民法院民三庭四级法官助理

苏琪越　北京市第二中级人民法院民三庭四级法官助理

吴　娇　北京互联网法院立案庭法官助理

付天缘　北京市第二中级人民法院民三庭法官助理

# 目录

## 第三章 质押合同

第一章

**保证合同**

案例一 **保证合同的成立**
——第三人在借款合同上签字的性质如何认定

余周祺[①]

签字，一个无比熟悉的动作，每个人从初学文墨就开始书写自己的姓名。签字看似简单，但这二三字落在一份合同上，其引发的法律后果却是沉重的。至少，李凡凡和文楠楠当初没想到，自己签的名字将会引发一个一波三折的案件。

## 案情回顾

**（一）稀里糊涂的两个签字**

让我们把时间拨回到 2015 年 9 月 26 日，那天本案的案外人刘涛涛[②]因为生意经营困难，向其好友陈奕奕借款 100 万元用于资金周转。陈奕奕顾念朋友之情，便答应了刘涛涛的借款请求，但也有些不放心，遂要求刘涛涛出具还款承诺书。当日，刘涛涛亲自书写还款承诺书，内容为："本人刘涛涛因欠陈奕奕借款 100 万元，承诺首款在 2015 年 12 月底前还欠款 30 万元，余款每个月偿还 7 万元到 8 万元，在一年内还清。"然而，该承诺书上除了借款人刘涛涛签名外，"担保人"三个字后面还有文楠楠、李凡凡的签字和身份证号码，并无其他条款字句。后来，因刘涛涛未如期还款，陈奕奕于 2015 年末提起另案诉讼，并得到法院支持。因执行未果，陈奕奕又于 2017 年 6 月 8 日起诉要求文楠楠、李凡凡承担保证责任，此即本案。

---

① 北京市第二中级人民法院法官助理。
② 本书案例中的人名均为化名。

### （二）各执一词的双方

涉案两个签字的性质成为本案的争议焦点，原被告双方围绕签字各自陈述一番道理，并提供证据以说服法官。对此，陈奕奕主张，该承诺书上的"担保人"三个字系其朋友管文文所先书写，文楠楠、李凡凡是以"担保人"的身份签名，故应该承担担保责任。管文文出庭作证称，"担保人"三个字系其先写上，不是后加的，文楠楠、李凡凡在看到"担保人"三个字后才签名并写上自己的身份证号码。文楠楠、李凡凡则主张，其二人在该承诺书签名时并没有"担保人"三个字，在本案中仅是以"见证人"身份签字，所以不应该承担保证责任。

### （三）一审法院审理结果

一审法院经审理认为，通过另案生效判决，可以确认刘涛涛应偿还陈奕奕借款100万元，现陈奕奕以文楠楠、李凡凡在承诺还款书中作为保证人为由要求该二人对刘涛涛的借款承担连带保证责任。作为债权人的陈奕奕，其要求债务人刘涛涛承诺还款是其目的所在，而有无见证人对陈奕奕来说并不重要，反之有保证人却是重要的，亦是对刘涛涛还款的有效保障。文楠楠、李凡凡签名时未对身份进行固定，也没有提供"担保人"三个字系其二人签名之后所写的证据，证人所述"担保人"三个字是证人先写上，文楠楠、李凡凡在"担保人"三个字后面签名的事实，更为合理，故确认文楠楠、李凡凡的保证人身份。鉴于还款承诺书中对保证人承担保证责任的方式未约定，按照法律规定，文楠楠、李凡凡应承担连带保证责任。

一审判决后，文楠楠和李凡凡不服，上诉到北京市第二中级人民法院，请求撤销一审判决，改判驳回陈奕奕的诉讼请求，理由有二：1. 文楠楠、李凡凡没有为刘涛涛的100万元债务提供保证担保，二人是作为见证人在该承诺书上签名，与陈奕奕不存在保证合同关系。2. 即使文楠楠、李凡凡与陈奕奕之间保证合同成立，也早已过了保证期间，文楠楠、李凡凡无须再承担保证责任。

（四）二审法院审理结果

二审法院经审理后，认为本案争议焦点有两个。首先，保证合同是否成立。文楠楠、李凡凡虽主张其是作为见证人身份在还款承诺书上签名，且在二人签名时并没有"担保人"三个字，其签名位置的前面是空白，但文楠楠、李凡凡签名时未注明其见证人的身份，亦未提供"担保人"三个字系其二人签名之后所写之证据，加之文楠楠、李凡凡均认可证人当时确实在签字现场。因此，二审法院认为，证人所述"担保人"三个字系证人先写上，文楠楠、李凡凡系在"担保人"三个字后面签名的事实，更为合理、可信，进而确认文楠楠、李凡凡的保证人身份，认定保证合同成立。

其次，文楠楠、李凡凡的保证责任是否已过保证期间。本案中，主债务人刘涛涛系于2015年9月26日为陈奕奕出具还款承诺书，承诺"……余款……在一年内还清"。文楠楠、李凡凡与陈奕奕对此处"一年内"的理解不同。文楠楠、李凡凡解释：对余款70万元，每个月偿还7万元到8万元，正好约为9个月，加上2015年9月26日到12月底的3个月，正好是一年期间，故"一年内"应指"自2015年9月26日至2016年9月25日"；陈奕奕解释："一年内"应指"自2016年1月1日至2016年12月31日"。对此，二审法院根据还款承诺书的字面含义，结合另案中陈奕奕诉刘涛涛的起诉时间（2015年末）、该民事判决书的宣判时间（2016年6月14日）等实际情况综合判断，还款承诺中的"一年内"应认定为自2015年9月26日至2016年9月25日。上述还款承诺书并未约定保证期间。依据《中华人民共和国民法典》（以下简称《民法典》）第六百九十二条第二款，没有约定或者约定不明确的，保证期间为主债务履行期限届满之日起六个月，故推定保证期间应为2016年9月26日至2017年3月25日。因此，陈奕奕于2017年6月8日起诉要求文楠楠、李凡凡承担保证责任，已经超出保证期间，应免除保证人文楠楠、李凡凡的保证责任。

不同于一般的保证合同案件，涉案保证合同是否成立存在争议，为何两级法院均认为本案中的保证合同成立？这背后的法律依据是什么？

## ⚖ 法理分析

（一）还款承诺书上的签字是否构成保证合同

本案中，主债务人刘涛涛为陈奕奕出具的还款承诺书系主合同，文楠楠、李凡凡在该还款承诺书上的签字是否构成从合同、保证合同是本案的争议焦点。对此，文楠楠、李凡凡主张，先有签字，后有"担保人"，其二人的本意只是作为"见证人"参与到涉案借款中，保证合同不成立；陈奕奕主张先有"担保人"，后有其二人的签字，其二人是以保证人的身份签字，保证合同成立。当事人各执一词，亦均无法提供充足证据证明其主张。对此，我们可以区分两种情形进行分析。第一种情形：先有"担保人"，后有文楠楠、李凡凡二人的签字。此种情形下，其二人知道或应当知道其签字的法律含义，保证合同成立。第二种情形：先有文楠楠、李凡凡二人签字，后有"担保人"。此种情形下，其二人主张签字是作为见证人，陈奕奕则主张签字是作为保证人。

此问题的本质是当事人对签字背后法律含义的解释出现分歧，为此应当探求当事人意思表示之真意。该真意应当是通过外在表示发生效力的表示真意，而不是单纯的内心意志，此即意思表示解释规则之表示主义。在表示主义看来，相对人的信赖关系交往安全，应当更多关注于相对人的信赖保护。[1]《民法典》第一百四十二条第一款规定，有相对人的意思表示的解释，应当按照所使用的词句，结合相关条款、行为的性质和目的、习惯以及诚信原则，确定意思表示的含义。笔者认为，作为债权人的陈奕奕，其要求债务人刘涛涛承诺还款是其目的所在，而有无见证人对陈奕奕来说并不重要，有保证人却是非常重要的。上述解释正是运用了合同目的对签字行为进行解释。同时，再考虑分配意思表示误解风险的合理性。签字人应当对其签字避免误解承担一定的注意义务，若其先明确身份再行签字，则断无误解之风险。故，法院判决最终认定，保证合同成立。

---

[1] 朱庆育：《民法总论》（第二版），北京大学出版社 2016 年版，第 222—223 页。

（二）保证责任类型的推定规则

保证责任分为连带保证责任和一般保证责任，保证人以何种方式承担保证责任，应当在保证合同中明确约定。但是，本案的保证人没有约定保证责任的类型，那么文楠楠和李凡凡又应承担何种保证责任？为此，当时法律将之推定为连带保证责任。[①] 所以，文楠楠、李凡凡承担连带保证责任。至于最终为何，文楠楠与李凡凡无须承担保证责任，且在本文第三章第二节分析。

### 知识拓展

通过上面的介绍，我们了解了一些关于保证合同的知识点，保证合同作为一种十分常见的合同类型，在商业社会中起着重要的作用，接下来让我们进一步地了解保证合同。

（一）保证合同的简要介绍

保证合同是指保证人和债权人之间订立的、在债务人不履行其债务时，保证人承担保证债务的合同。从合同的种类上说，保证合同为诺成合同，即当事人意思表示一致即可订立合同，无需交付特定标的物。保证合同为要式合同，保证人和债权人必须以书面形式订立合同。保证合同为从合同，除法律另有规定，主合同有效，保证合同才发生法律效力；若主合同无效，保证合同亦无效。[②]

保证合同的当事人为保证人和债权人，法律对于保证人有一定的限制，具体如下：1. 国家机关原则上不得为保证人。国家机关的财产来源于财政拨款、用于公务活动。如果允许国家机关作为保证人，可能减损国家机关正常履职所需要的财产，进而影响国家机关履职效率，最终影响社会公众的利益。2. 学校、幼儿园、医院等以公益为目的的非营利法人、非法人组织不得为保

---

① 《民法典》第六百八十六条对此进行修改。当事人在保证合同中对保证方式没有约定或者约定不明确的，按照一般保证承担保证责任。

② 崔建远：《合同法》（第五版），法律出版社 2010 年版，第 173 页。

证人。此类主体的设立目的是维护公共利益，即不特定多数人的利益，从事保证行为可能会减损其财产，进而影响社会公共利益。3.企业法人的分支机构、职能部门不得作为保证人。企业法人的分支机构有法人书面授权的，可以在授权范围内提供保证。企业法人的分支机构、职能部门因为其不具备主体资格和清偿能力，无法作为保证人。本案中，文楠楠、李凡凡均是成年的自然人，其二人签订保证合同并无障碍可言。

保证方式一般可以分为一般保证和连带责任保证。一般保证是指保证合同约定，如果债务人不能履行债务时，保证人承担保证责任。此种保证人享有先诉抗辩权，即此种保证人在主合同纠纷未经审判或者仲裁，并就债务人财产依法强制执行仍不能履行债务前，对债权人可以拒绝承担保证责任。连带责任保证是指保证合同约定，保证人和债务人对于主合同债务承担连带责任的保证。此种保证人没有先诉抗辩权，连带责任保证的债务人在主合同规定的债务履行期届满没有履行债务的，债权人可以要求债务人履行债务，也可以要求此种保证人在其保证范围内承担保证责任。由此可知，保证人在不同的保证方式中所处的地位不同，其权利义务也不相同。实践中，连带责任保证占保证中的大多数，本案中的文楠楠和李凡凡即是承担此种类型保证责任。

保证方式也可从保证人数量的角度区分为单独保证或共同保证。同一债权只有一个保证人的保证被称为单独保证；而有两个及以上保证人的则被称为共同保证。两个及以上保证人与债权人签订数个保证合同共同担保同一债权成立共同保证，而其签订同一个保证合同也可以成立共同保证，此亦为本案之情形。在共同保证中，如果没有事先约定保证份额，债权人可以要求任一个保证人承担全部保证责任，任一个保证人都负有担保全部债权实现的义务。

（二）保证期间的确认规则

保证期间，是指当事人约定的或者法律规定的，保证人承担保证责任的期限。《民法典》第六百九十二条第二款规定，债权人与保证人可以约定保证期间，但是约定的保证期间早于主债务履行期限或者与主债务履行期限同时届满的，视为没有约定；没有约定或者约定不明确的，保证期间为主债务履行期限届满之日起六个月。《民法典》第六百九十三条第二款规定，连带责任保证的债权人未在保证期间请求保证人承担保证责任的，保证人不再承担保证责任。

具体到本案，我们会发现涉案主债务的履行期限和保证期间均没有明确约定，都需要进行推定。还款承诺书中仅记载："……余款……在一年内还款。"所以，首先得明确"一年内"的法律含义。对此，文楠楠、李凡凡主张：对余款70万元，每个月偿还7万元到8万元，正好为9个月，加上2015年9月26日到12月底的3个月，正好是一年，故"一年内"应指"自2015年9月26日至2016年9月25日"；陈奕奕则解释："一年内"应指"自2016年1月1日至2016年12月31日"。同前述，有相对人的意思表示的解释，应当按照所使用的词句，结合相关条款、行为的性质和目的、习惯以及诚信原则，确定意思表示的含义。

在这里首先需要考虑的是文义因素，刘涛涛于2015年9月26日为陈奕奕出具还款承诺书，余款在"一年内"还清。从词语文义的通常理解来看，"一年内"应当为自出具还款承诺书之日起算一年内，而不是从下一个自然年起算。再结合陈奕奕起诉刘涛涛还款的另案开始于2015年年末，该案判决书又于2016年6月14日宣判，按照文楠楠、李凡凡的解释，"2015年12月底前还欠款30万元，对余款70万元，每个月偿还7万元到8万元，约为9个月"，还款承诺书中的"一年内"，应认定为自2015年9月26日至2016年9月25日，更为合理。故，保证期间则应该为2016年9月26日至2017年3月25日。陈奕奕未提交证据证明其在上述保证期间内要求保证人文楠楠、李凡凡承担保证责任，故陈奕奕于2017年6月8日起诉要求文楠楠、李凡凡承担保证责任，已经超出保证期间的规定，应免除保证人文楠楠、李凡凡的保证责任。此外，保证期间不同于诉讼时效，无论保证人是否抗辩，法院在审理中对保证期间是否已超过的事实应当依职权主动审查，进而确定是否免除保证人的保证责任。

👆 **普法提示**

在现代商业社会中，合同的作用越发重要，其种类之繁多、法律含义之复杂，需要每个人在提笔签字时都加以重视。签字一时快，隐患多又坏。对此，我们向大家作如下提示。

## （一）签字时应该审慎地审查合同条款

当事人在合同签字前，一定要仔细阅读合同条款，尤其是涉及权利义务条款中含混不清之处需要格外谨慎，以避免合同履行出现争议时，损害到自己的权益。具体到本案，陈奕奕和文楠楠、李凡凡均存在马虎之处，如果陈奕奕将保证条款内容直接写上，或者文楠楠、李凡凡写清楚自己的责任，那么他们之间就不会出现如此多的争议。此外，合同所用的术语往往具有法律上的特殊含义，非法律职业者对此并不一定清楚，所以如果有条件，在签订重大合同前应当向法律职业者咨询，弄清楚合同的真实意思再签字。毕竟，事前的每一分小心，都是为了事后的每一分放心。

## （二）主张权利要及时

正如古希腊法谚所云，法律不保护躺在权利上睡觉的人。法律赋予合同守约方以权利去维护自身的利益，但是守约方也需要及时去主张自己的权利，否则就有可能无法最终实质地维护自己的利益。法律对此专门规定了诉讼时效和除斥期间制度，以督促权利人及时地主张权利。首先关于诉讼时效制度，诉讼时效是指权利人在其权利受到侵害后于法定期间内不行使权利，则当该期间届满后，其对应的债务人享有时效的抗辩权，即可以不履行债务。对此，《民法典》第一百八十八条第一款规定，向人民法院请求保护民事权利的诉讼时效期间为三年。法律另有规定的，依照其规定。至于除斥期间制度，除斥期间是指权利人在法定期间内不行使权利，则当该期间届满后，权利人丧失对应的权利。对此，法律上没有一般性的规定，现有六个月、一年和五年等不同种类，当事人需要结合个案具体确定时间。本案的情形中，陈奕奕没有事先明确保证期间，故只能按照法律规定推定为自主债务履行期限届满之日起六个月，而这一推定结果显然对其是不利的，这应引起大家的重视。

案例二 | **债务人"不能偿还"和"不能按期偿还"的约定对保证责任的影响**

——一般保证与连带责任保证的区分

杨光[1]　付天缘[2]

企业为生产、经营需要，向银行或其他金融机构借贷资金，已经成为非常普遍的现象。金融借款合同的成功订立不仅需要借款企业的还款承诺，通常还需要该企业或第三方为这笔借款提供足额的担保。在各种担保方式中，保证是以自然人或法人、机构、组织等主体的信誉为基础来确保债权得以实现的一种担保方式。保证人承担何种保证责任在适用的法律规范及法律后果上存在显著的区别，而现实生活中，借贷各方对合同中保证责任的约定所使用的措辞往往并不规范，不能完全与法律条文一致，因此，当保证条款需要适用时，各方当事人对该条款的理解与适用极易产生分歧。下面这个案例，可以更好地帮助我们清晰地界定保证人的担保方式。

### 案情回顾

（一）保证条款定不明，保证责任难认定

1989年10月6日，高产化肥厂为生产经营需要，与银行签订《借款合同》，约定高产化肥厂向银行借款800万元。担保责任处约定：全部贷款到期，银行发出逾期通知三个月后，高产化肥厂仍未归还贷款，银行可以直接从高产化肥厂或担保方的各项投资和存款中扣收。原料公司在担保单位一栏中签章。

1990年8月至1993年10月，高产化肥厂再次与银行签订四份《借款合

---

[1] 北京市第二中级人民法院法官。

[2] 北京市第二中级人民法院法官助理。

同》，约定高产化肥厂向银行借款共计 1650 万元。担保责任处约定：贷款到期，高产化肥厂如不能按期偿还，由原料公司代为偿还，若原料公司在接到银行还款通知三个月仍未归还，银行可直接从高产化肥厂或原料公司的各项投资或存款中扣收。原料公司在担保单位一栏中签章。其中一份 1993 年 10 月 15 日签订的《借款合同》中原料公司还向银行出具了《借款担保书》，承诺无条件担保并且不可撤销。

上述合同签订后，银行均如约支付了借款，但高产化肥厂未予偿还。1999 年 12 月 4 日，债权经过两次转手，从银行处最终于 2001 年 3 月 27 日转让给腾达公司。

2004 年 12 月 24 日，法院依法裁定宣告高产化肥厂破产还债，并于 2006 年 1 月 17 日在《人民法院报》上公告终结高产化肥厂破产还债程序。2007 年 6 月 25 日，腾达公司在法院领取了高产化肥厂破产裁定书。

（二）一审法院判定原料公司承担一般保证责任

2007 年 11 月 2 日，腾达公司向法院提起诉讼，请求判令原料公司向其履行保证责任，代被保证人高产化肥厂偿还借款本息。

一审法院认为，案涉《借款合同》均是在《中华人民共和国担保法》（以下简称《担保法》）颁布实施前签订，应适用法发〔1994〕8 号《最高人民法院关于审理经济合同纠纷案件有关保证的若干问题的规定》（以下简称 8 号文）的有关规定，认定合同中所涉及的担保方式、担保期限以及担保效力。

因上述合同均未明确约定保证人原料公司应承担的保证责任方式，根据 8 号文第七条关于"保证合同没有约定保证人承担何种责任的，或者约定不明确的，视为保证人承担赔偿责任。当被保证人到期不履行合同时，债权人应当首先请求被保证人清偿债务。强制执行被保证人的财产仍不足以清偿其债务的，由保证人承担赔偿责任"的规定，以及《最高人民法院关于涉及担保纠纷案件的司法解释的适用和保证责任方式认定问题的批复》（已失效）第二条关于"担保法生效前订立的保证合同中对保证责任方式没有约定或约定不明的，应当认定为一般保证"之规定，原料公司的保证责任方式应认定为一般保证。又因本案一部分担保债权超出担保期间，另一部分担保债权超出诉讼时效，故一审判决驳回腾达公司全部诉讼请求。

（三）原告不服提上诉，各执一词争议大

腾达公司不服提起上诉，其认为一审法院认定《借款合同》的保证责任方式为一般保证是不正确的。根据《最高人民法院关于涉及担保纠纷案件的司法解释的适用和保证责任方式认定问题的批复》（已失效）第二条"……保证合同中明确约定保证人在被保证人不履行债务时承担保证责任，且根据当事人订立合同的本意推定不出为一般保证责任的，视为连带责任保证"的规定。

银行与高产化肥厂之间后签订的四份《借款合同》中第五条均有"借款到期后，甲方如不能按期偿还，由担保单位代为偿还"的约定，并且1993年签订的借款合同中原料公司还出具了担保书，明确表示当高产化肥厂不履行还款义务时，代高产化肥厂偿还借款本息。综上所述，原料公司应该承担连带责任保证。

原料公司辩称，本案五笔借款所承担的保证责任方式为一般保证。五笔借款合同的担保行为均发生在1995年10月1日《担保法》实施之前，且除第一笔没有约定保证责任方式外，其余四笔均约定"由担保单位代为偿还"。根据8号文第五条、第七条以及《最高人民法院关于涉及担保纠纷案件的司法解释的适用和保证责任方式认定问题的批复》第二条之规定，本案原料公司承担的保证责任方式应为一般保证。

（四）"二字之差"，二审法院改判原料公司承担连带责任保证

二审法院经审理后认为，本案中，原料公司提供的保证在借款合同中有两种表述：一是第一份《借款合同》中的表述是："全部贷款到期，贷款方发出逾期通知三个月后，仍未归还，贷款方可以直接从借款方或担保方的各项投资和存款中扣收。"二是后四份《借款合同》中的表述是："贷款到期，借款方如不能按期偿还，由担保单位代为偿还，担保单位在接到银行还款通知三个月后仍未归还，银行有权从借款方或担保单位的投资或存款户中扣收，或委托其他金融机构扣收。"

此外，原料公司还就1993年签订的《借款合同》向银行出具《借款担保书》，承诺"当借款单位不能履行借款合同如期偿还借款本息条件时，本公司（厂）将无条件承担责任，保证按照借款合同的规定，代借款单位偿还所欠借款本息。本担保书不可撤销。本担保书作为1993年签订的借款合同的附属文件，其有效期直至全部还清借款单位应归还借款本息为止"。

区分连带责任保证和一般保证的重要意义就是保证人是否享有先诉抗辩权，即债权人是否必须先行对主债务人主张权利并经强制执行仍不能得到清偿时，方能要求保证人承担保证责任。上述借款合同中的第一种表述，只要贷款达到约定期限仍未归还，即将担保方与借款方的责任一并对待，并未区分保证人应否在主债务人客观偿还不能，即先向主债务人主张权利不能后，方承担保证责任，因此，此处保证责任约定是清楚的，为连带责任保证。上述借款合同中的第二种表述有"不能"字样，如单纯使用"不能"字样，则具有客观上债务人确无能力偿还借款的含义，此时保证人方承担保证责任可以认定为一般保证责任。但是，该"不能"字样与"按期"结合在一起使用，则不能将其理解为确实无力偿还借款的客观能力的约定，仅是表明到期不能偿还即产生保证责任。因此，第二种表述亦应认定为连带保证责任。至于原料公司为1993年签订的借款合同提供的《借款担保书》则更为明确地将保证责任界定为无条件承担，亦为约定清楚的连带责任保证。综上所述，本案讼争的保证责任为连带责任保证。由于本案讼争借款的主债务人高产化肥厂已经破产，且破产程序已经终结，即使借款合同约定为一般保证责任，此时保证人的责任因主债务人的破产也已经产生。

最终，二审法院改判支持了腾达公司的上诉请求。

不难看出，一般保证与连带责任保证，保证人承担的保证责任具有显著区别。

## ⚖ 法理分析

（一）本案如何认定保证人的保证责任

二审法院的观点为，对保证人承担保证责任的条件约定为债务人"不能按期偿还"借款本息时，应认定保证责任承担方式为连带责任保证。

若保证合同中约定，债务人"不能清偿"债务时保证人承担保证责任，此时是将债务人清偿"不能"作为保证人承担保证责任的前提条件，"不能"是对债务人还款能力欠缺的判断。只有对债务人强制执行仍不能清偿债务时，才需要保证人承担清偿责任，此时保证人承担的是一般保证责任，其享有先诉抗辩权。但若约定债务人"不能按期偿还"债务时保证人承担保证责任，即只要债务人不完整履行债务或不履行任意一期债务，债权人就有权直接向保证人要求清偿，此时保证人承担的是连带保证责任，其不享有先诉抗辩权。

（二）实践中如何对两种保证方式进行甄别

如果用一句话来辨别一般保证与连带责任保证，那么一般保证就是当债务人不能履行债务时，保证人需要承担保证责任；连带责任保证就是当债务人不履行债务时，保证人需要承担保证责任。本案保证责任不同之处在于"按期"二字，其表达的不是对债务人履行义务能力之认定，而是指债务人消极的不作为导致后期债务无法清偿，其实质仍表现为债务履行期届满债务人没有履行。当债务人不履行其债务时，债权人就可以向保证人先行追偿。仅仅多了"按期"二字，保证人承担的保证责任就存在天壤之别。

下面让我们深入了解一下什么是保证责任，保证责任的承担方式又是如何分类的呢？

我国《民法典》第六百八十一条对"保证合同"进行了定义，其中保证责任是指"保证人和债权人约定，当债务人不履行到期债务或者发生当事人约定的情形时，保证人履行债务或者承担责任。"《德国民法典》将保证责任表述为："因保证契约，保证人约定对第三人的债权人负有履行第三人的债务的义务。"我国台湾地区"民法典"规定："称保证者，谓当事人约定，一方于他方之债务人不履行债务时，由其代负履行之契约。"

列举之下不难看出，保证人其实就是债权人出借款项时债务人向债权人提供的双重保障，当债务人不能还款时，债权人就可以要求保证人代债务人清偿债务。现实生活中保证制度是极为常见的，借贷关系的频繁发生，使很多市场交易主体都面临成为借款人、债权人或保证人的可能，而正确选择保证责任的承担方式并能够准确地在合同中表述出来，才能有效避免日后产生纠纷进而引发诉讼，从而大大提高履约效率、降低履约成本。

## 知识拓展

### （一）一般保证与连带责任保证

在我国，保证责任分为一般保证与连带责任保证。

一般保证是一种保证人仅对债务人的不履行负补充责任的保证方式。一般保证的保证人在主合同纠纷未经审判或者仲裁，并就债务人财产依法强制执行仍不能履行债务前，对债权人可以拒绝承担保证责任。因此，在一般保证中，保证人仅在债务人的财产不足以完全清偿债权的情况下，或者说在债务人偿债能力不足的情况下，才负保证责任。当债权人没有先行向债务人主张债权时，其不得向保证人主张保证责任，这也是一般保证人所享有的先诉抗辩权。一般保证的担保力度相对较弱，保证人的负担也相对较轻。

连带责任保证是当事人在保证合同中约定保证人与债务人对债务承担连带责任，即连带责任保证的债务人在主合同规定的履行期届满没有履行债务的，债权人既可以要求债务人履行债务，也可以要求保证人在其保证范围内承担保证责任，保证人不享有先诉抗辩权。因此，如果在保证期间内，债权人有权不向债务人主张债权而直接向连带责任保证人请求承担保证责任，保证人不得拒绝。连带责任保证的担保力度相对较强，对债权人更有利，而保证人的负担则相对较重。

### （二）一般保证与连带责任保证的区别

首先，二者在合同表述上不同。最简单的区分方式就是看当事人之间有无明确约定，以当事人之间的约定就可以认定保证人的保证责任。但如无约定或约定不明的，按一般保证承担保证责任。这一规定是《民法典》关于担保制度最重要的变化之一。换言之，连带责任保证则只能以当事人约定为前提。这是《民法典》相较此前的规定侧重对保证人的保护之体现。举例说明，张三向王二借款1000元，借款期限自2020年3月8日至2020年4月8日，吴小在保证人处签了字。这种情况下，张三、王二、吴小之间并未约定吴小是承担一般保证还是连带保证责任，在合同约定不明的情况下，就要依据法律规定确定吴小承担一般保证责任。这真是一字值千金呀，所以作为合同当事人，一定要看清担保条款是如何约定的，如果未作约定，保证人则仅承担一般保证责任。

其次，二者承担保证责任的时间不同。通常情况下，一般保证责任的保证人只是在主合同经过审判或仲裁，并就债务人财产依法强制执行仍不能履行债务的情况下，承担代为清偿的义务[①]；而连带责任保证中的保证人与债务人的偿还义务是平等的，债权人在保证范围内，可以向债务人求偿，也可以向保证人求偿。无论债权人选择谁，债务人和保证人都无权拒绝。

再次，二者之间保证人享有的权利不同，即是否享有先诉抗辩权。由于保证合同具有无偿性，保证人对债权人不享有任何请求权，所享有的仅是一种防御性质的权利，就是先诉抗辩权。先诉抗辩权是指当主合同未经审判或仲裁程序，债权人直接向保证人主张债务时，保证人是否有权利抗辩，要求债权人先向债务人主张债务，当债务人履行不能的情况下，其才能代为清偿债务。一般保证的保证人具有先诉抗辩权，而连带责任保证的保证人不具有先诉抗辩权，即不能以债权人是否先行向主债务人主张债权作为其履行保证义务的抗辩理由。保证责任的承担方式的认定会直接影响到保证人是否具有先诉抗辩权。反观本案，如认定为一般保证，原料公司就享有先诉抗辩权，腾达公司必须先对高产化肥厂主张权利，在对高产化肥厂经强制执行程序履

---

① 《民法典》第六百八十七条第二款规定了一般保证人行使先诉抗辩权的例外情形：1.债务人下落不明，且无财产可供执行；2.人民法院已经受理债务人破产案件；3.债权人有证据证明债务人的财产不足以履行全部债务或者丧失履行债务能力；4.保证人书面表示放弃该权利。

行不能时，方可对原料公司主张权利；如认定本案为连带责任保证，腾达公司可选择直接向原料公司主张权利。

最后，二者保证人诉讼地位不同。诉讼中，债权人不能将一般保证人作为被告单独起诉，仅能将一般保证人与债务人作为共同被告起诉。但可以将连带责任保证人作为被告单独起诉，也可与债务人一起作为共同被告。

## 普法提示

### （一）合同措辞要谨慎

本案中，"按期"二字使原料公司承担了连带保证责任，由此可见，毫厘之差，就导致法律关系发生了质的变化，对当事人的权利和义务也产生了巨大的影响。合同是各方合意的书面表达，容不得半点混淆和模糊，否则，就可能为将来产生纠纷埋下隐患。所以不论是处在哪一个法律地位当中，在涉及保证合同时务必谨慎措辞，切不可大意。在当前的担保制度下，无论是债权人还是保证人，务必确认并分清一般保证和连带责任保证之间的区别，审慎措辞才能依法保障自己的切身权益。

### （二）多花功夫在事前

《民法典》第六百八十六条第二款规定，当事人在保证合同中对保证方式没有约定或者约定不明确的，按照一般保证承担保证责任。这与此前担保法的相关规定截然相反，提醒读者特别是债权人要特别予以注意。为避免未来可能发生的争端，借款合同中的担保责任之约定各方当事人务必在订约前商讨充分，立约时用词准确，莫含糊其词，一贯套用网络中的格式模板，使自己陷入不可估量的风险当中。须在事前就通过查阅法律条文、普法文章、案例分析等材料，把相关法律概念理顺弄清，才能切实保障自身合法权益。

| 案例三 | 保证人应否对借贷双方私下约定的利率标准承担责任？ |
|---|---|

——未明确约定利率标准时保证责任范围的认定

钱丽红[①]　牛晓煜[②]

生活中，经常有亲朋好友之间需要保证担保，而保证合同约定不明是引发纠纷的重要原因。本部分要分析的案例就是这样，借款合同虽然约定了借款人应当向出借人支付利息，并且保证人也同意对利息承担连带保证责任，但是合同却未对借款利率标准进行明确约定，实际履行中借款人已按照借贷双方协商一致的利率标准支付了利息，但该利率标准可以约束保证人吗？保证人能否以借贷双方未约定利息为由拒绝对利息承担保证责任？

## 案情回顾

### （一）案件基本事实

#### 1. 签约情况

2015年7月9日，范平平（出借人）与邱文文（借款人）及余成成（保证人）订立《借款合同》一份，合同约定，范平平向邱文文出借100万元整，借款期限自2015年7月9日至2018年7月8日。《借款合同》第三条"借款利息"约定，邱文文应当按照"月利率＿＿＿%"向范平平支付借款利息，按月付息，到期一次性还本金。本金可提前还，利息按实际借款期限计算。第四条"违约责任"约定，邱文文所付款项应优先冲抵利息。如未能按期还清本金，则邱文文除应归还本金和相应利息外，还应当按照借款数额每日8‰的标准支付逾期还款违约金。如逾期未支付当月利息的，除应支付利

---

① 北京市第二中级人民法院民三庭法官

② 北京市第二中级人民法院民三庭法官助理。

息之外，还应按当月利息的一倍向范平平支付违约金，同时，范平平有权要求立即提前归还借款并支付相应利息和违约金。《借款合同》还约定，余成成自愿对邱文文的上述债务向范平平承担连带保证责任，担保范围包括主债权及利息、违约金、损害赔偿金和实现债权的费用，保证期间为主债务履行期届满之日起两年内。

**2.《借款合同》履行情况**

当日，范平平向邱文文转账 100 万元，邱文文向范平平出具收条。

关于借款利息，范平平和邱文文均认可按月利率 5% 支付利息，认可自 2015 年 10 月 21 日至 2018 年 5 月 2 日，邱文文累计向范平平支付前述《借款合同》项下的利息 795000 元。但邱文文主张超过法定标准的利息应冲抵借款本金，其同意余成成承担连带责任，余成成则认为借款合同没有约定利息，其不知道范平平与邱文文之间有利息约定，不同意对利息承担担保责任，只同意对邱文文已还款项冲抵本金后的余额承担保证责任。

因此，范平平向法院起诉，要求邱文文偿还剩余的借款本金、期内利息和逾期还款违约金，并要求余成成承担连带保证责任。

**（二）审理情况**

**1. 一审审理情况**

一审法院经审理后认为，合法的民间借贷关系受法律保护。本案中，范平平提交借款合同、收条、转账记录证明邱文文向其借款 100 万元。邱文文亦认可向范平平借款 100 万元，一审法院对借款事实予以认定。《最高人民法院关于审理民间借贷案件适用法律若干问题的规定》（法释〔2015〕18 号）[①]规定，借贷双方约定的利率未超过年利率 24%，出借人请求借款人按照约定的利率支付利息的，人民法院应予支持。借贷双方约定的利率超过年利率

---

① 《最高人民法院关于审理民间借贷案件适用法律若干问题的规定》已于根据 2020 年 12 月 23 日最高人民法院审判委员会第 1823 次会议通过的《最高人民法院关于修改〈最高人民法院关于在民事审判工作中适用《中华人民共和国工会法》若干问题的解释〉等二十七件民事类司法解释的决定》修正。

36%，超过部分的利息约定无效。借款人请求出借人返还已支付的超过年利率36%部分的利息的，人民法院应予支持。范平平与邱文文口头约定的月息为5%，超过法律规定的部分应折抵借款本金。经核算，邱文文尚有借款本金674700元、借款期内利息226600元未偿还，故邱文文应当偿还范平平本金674700元及期内利息226600元，还要支付以674700元为基数按年利率24%计算的逾期利息。

关于保证人余成成的责任范围，一审法院认为，保证期间，债权人与债务人对主合同数量、价款、币种、利率等内容作了变动，未经保证人同意的，如果减轻债务人的债务的，保证人仍应当对变更后的合同承担保证责任；如果加重债务人的债务的，保证人对加重的部分不承担保证责任。本案中，余成成对邱文文欠范平平的债务承担连带保证责任，但有担保人余成成签字的《借款合同》中并未约定利息，虽邱文文和范平平均认可双方口头约定月息按5%计算，并实际履行，但余成成对此并不知情。因该变动加重了借款人的债务，担保人对加重的借款期间的利息不承担担保责任。故一审法院判决余成成只对本金和逾期利息承担偿还责任。

余成成对一审判决不服，提起上诉。

**2. 二审审理情况**

二审法院审理认为，该合同中未明确载明借款利率标准，范平平与邱文文均认可双方实际按月利率5%结息，根据《最高人民法院关于审理民间借贷案件适用法律若干问题的规定》(法释〔2015〕18号)第二十六条的规定，本案中邱文文向范平平已支付的利息超过月利率3%的部分应折抵借款本金。二审查明，邱文文累计向范平平支付前述《借款合同》项下的利息995000元。经核算，多付利息折抵借款本金后，截至2017年12月14日，邱文文尚欠范平平平借款本金759392元。邱文文应当偿还范平平借款本金759392元，并按照年利率24%的标准向范平平支付自2017年12月15日起算的利息和逾期利息。

关于余成成承担担保责任范围的问题。《借款合同》中约定了邱文文应向范平平支付利息、利息的支付方式，并约定了逾期支付利息、逾期偿还本金的违约金标准，只是在约定借款期内利息的利率标准处未作填写，应视为余成成对借贷双方约定利息是明知的，系对利率标准的任意授权，其应对法律规定范围内的期内利息承担担保责任，并应按约对逾期利息承担担保责任。因此，余成成应对《借款合同》项下邱文文尚欠范平平的债务承担连带保证责任，余成成主张《借款合同》未约定利息，其对利息不承担担保责任，其只对邱文文偿还的款项冲抵本金后的余额承担担保责任，没有合理依据，法院不予支持。

经法院核算，一审法院判决邱文文、余成成承担责任的数额均未超过其二人应当承担责任的范围，且范平平并未提起上诉，应视为其服从一审法院判决，故二审法院维持了一审判决。

## ⚖ 法理分析

本案的争议焦点是保证人余成成是否应当对《借款合同》的借款利息承担连带偿还责任。出借人范平平主张保证人余成成应当对借款本息承担偿还责任，余成成以《借款合同》没有约定利息为由，拒绝对利息承担偿还责任，究竟哪种意见符合法律规定呢？

（一）保证人应当对利息承担连带责任吗

在保证合同纠纷中，人民法院审查的首要内容是主合同和保证合同的效力，在主合同和保证合同有效的情况下，就要考察保证人承担保证责任的方式和责任范围。根据法律规定，保证担保的范围在合同有约定的情况下，要按照合同约定，若合同无约定或者约定不明确，保证人应当对包括主债权及利息、违约金、损害赔偿金和实现债权的费用在内的全部债务承担连带责任。

本案中，邱文文、范平平、余成成签订的《借款合同》中同时包含邱文文向范平平借款的内容和余成成对邱文文的债务承担保证责任的内容，均系当事人真实意思表示，内容不违反法律和行政法规的强制性规定，当事人应当依约履行各自义务。本案《借款合同》中约定了邱文文应向范平平支付利息、利息的支付方式，并约定了逾期支付利息、逾期偿还本金的违约金标准。

《借款合同》还约定，余成成自愿对邱文文的债务向范平平承担连带保证责任，担保责任范围包括主债权及利息、违约金、损害赔偿金和范平平方实现债权的费用，保证期间为主债务履行期届满之日起两年内。可见，余成成在签订合同时明确知道其承担的责任范围包括利息。另外，从《借款合同》履行情况来看，出借人范平平和借款人邱文文均认可有利息，且邱文文已经按月支付了部分利息。

因此，综合《借款合同》具体约定和实际履行情况，法院足以认定范平平和邱文文之间《借款合同》约定了利息，保证人知情并且承诺承担保证责任，因此作为保证人的余成成应当对利息承担连带责任。

关于《借款合同》未约定利率标准的认定。综合案件证据可以认定，余成成明知《借款合同》存在利息，却在合同利率条款空白的情况下，仍然明确承诺对本金、利息、违约金等承担连带责任，应当视为余成成对借贷双方之间另行约定利率进行了任意授权，即借贷双方所约定的符合法律规定的利率均可约束余成成，余成成也同意按照该利率标准承担连带责任。现余成成主张《借款合同》没有约定利息，不认可借款双方约定的利率标准，不符合案件事实，也不符合诚实信用原则的要求。

（二）《借款合同》利率是多少

利息是借入货币所付出的成本或者代价，而利息的金额直接取决于利率的高低，在货币借贷合同中，借贷双方通常对利率作出明确的约定。但是本案中，《借款合同》第三条约定："邱文文应当按照'月利率____%'向范平平支付借款利息，按月付息，到期一次性还本金。"可见《借款合同》虽然约定了利息，但却没有明确利率的标准，那这种情况下，利率的标准应当如何确定呢？

《民法典》第五百一十条规定，合同生效后，当事人就质量、价款或者报酬、履行地点等内容没有约定或者约定不明确的，可以协议补充；不能达成补充协议的，按照合同相关条款或者交易习惯确定。根据该规定，在合同约定不明时，当事人可以协议补充。协议补充有多种方式，可以通过签订补充合同的方式，也可以通过口头约定的方式，还可以在实际履行中进行补充。

本案中，《借款合同》虽然没有约定利率标准，但是随后的履行过程和当事人陈述均表明，借贷双方实际上是按照月利率5%的标准支付利息的，因此，法院认定《借款合同》月利率为5%。

### （三）月利率5%可以得到法律保护吗

《最高人民法院关于审理民间借贷案件适用法律若干问题的规定》（法释〔2015〕18号）第二十六条规定，借贷双方约定的利率未超过年利率24%，出借人请求借款人按照约定的利率支付利息的，人民法院应予支持。借贷双方约定的利率超过年利率36%，超过部分的利息约定无效。借款人请求出借人返还已支付的超过年利率36%部分的利息的，人民法院应予支持。可见，民间借贷的利率有一道司法红线，那就是36%。

本案中，范平平和邱文文约定的月利率5%折合成年利率为60%，远超利率红线，超过部分的约定应当认定为无效。因此，邱文文已经支付的未超过年利率36%的利息，邱文文无权要求范平平返还，超过年利率36%的利息，应当折抵借款本金。对于邱文文尚未支付的借款期内利息，根据法律规定，出借人只能主张未超过年利率24%部分的利息。

对于邱文文尚欠借款本金的利息和逾期利息，根据《最高人民法院关于审理民间借贷案件适用法律若干问题的规定》（法释〔2015〕18号）第二十九条第一款和第三十条规定，借贷双方对逾期利率有约定的，从其约定，但以不超过年利率24%为限。出借人与借款人既约定了逾期利率，又约定了违约金或者其他费用，出借人可以选择主张逾期利息、违约金或者其他费用，也可以一并主张，但总计超过年利率24%的部分，人民法院不予支持。由于《借款合同》约定逾期还款除按约定支付利息外还应按借款金额每日8‰的标准支付逾期还款违约金，借款利息及违约金的约定均超过了年利率24%的标准，故出借人范平平只能主张未超过年利率24%的逾期利息。

故保证人余成成应当承担的连带责任的范围包括折抵后尚未还清的本金、按照年利率24%标准计算的期内利息以及按照年利率24%标准计算的逾期利息。

## 🗨 知识拓展

（一）主合同变更对保证责任范围的影响

《民法典》第六百九十五条规定，债权人和债务人未经保证人书面同意，协商变更主债权债务合同内容，减轻债务的，保证人仍对变更后的债务承担保证责任；加重债务的，保证人对加重的部分不承担保证责任。债权人和债务人变更主债权债务合同的履行期限，未经保证人书面同意的，保证期间不受影响。

可见，主合同的变更直接关系到保证人承担保证责任大小，因此应当经过保证人同意。由于法律禁止未经他人同意为他人设定合同义务，故如果主合同变更加重了保证人责任，保证人就加重部分不承担保证责任，加重保证人责任的方式可以是增加主合同债务数额、提高价款或利率，也可以是延长债务履行期限。但如果是减轻债务人责任的，则保证人有权要求按照变更后的合同承担保证责任。

但本案中不存在未经保证人同意变更合同条款的情形。保证人余成成在明知《借款合同》约定了利息，他也自愿对利息和违约金承担保证责任，但是仍然未要求在合同中明确利率标准，也未表示其对于利率标准的任何要求，故其应当按照当事人确定的、不违反法律规定的利息承担保证责任。在这种情况下，如果借贷双方另行约定了利率标准，则应当视为已经取得了保证人同意，也就不存在加重保证人责任的情形，保证人不能主张利率过高或未经其同意而拒绝承担保证责任，这也是诚实信用原则的要求。

（二）民间借贷中利息的确定

本案所适用的《最高人民法院关于审理民间借贷案件适用法律若干问题的规定》（法释〔2015〕18号）规定了民间借贷中司法保护的利率上限，根据该司法解释，民间借贷中年利率24%以下的利息可申请司法强制执行。债权的效力包括请求力、执行力和保持力，在民间借贷合同中，借贷双方约定的年利率不超过24%，则该约定具备完全的债权效力，特别是可以向人民法院请求强制执行。若借贷双方约定的年利率在24%—36%之间，则出借人对相应的利息仅有保持力，没有请求力和执行力，即在出借人请求借款人支付超过年利率24%但未超过36%的利息时，借款人可以不向出借人支付，出借人也不得申请司法强制执行，但是如果借款人已经支付，出款人则可以保有相应利息，借款人不得要求返还。若借贷双方约定的年利率超过36%，则该约定无效，超过该标准支付的部分利息，借款人可以要求出借人返还。

但最高人民法院分别于2020年8月19日、2020年12月29日对上述司法解释进行了修订。《最高人民法院关于审理民间借贷案件适用法律若干问题的规定》（2020年修正）第二十五条规定："出借人请求借款人按照合同约定利率支付利息的，人民法院应予支持，但是双方约定的利率超过合同成立时一年期贷款市场报价利率四倍的除外。前款所称'一年期贷款市场报价利率'，是指中国人民银行授权全国银行间同业拆借中心自2019年8月20日起每月发布的一年期贷款市场报价利率。"新司法解释的转变是最高人民法院综合考虑了在我国社会经济发展状况、民间借贷利率司法保护的历史沿革、市场需求以及域外国家和地区的有关规定等因素的基础上所作出的。最高人民法院认为，确定一年期贷款市场报价利率的四倍作为民间借贷利率司法保护的上限有助于人民群众对此标准的理解和接受，也体现了司法政策的延续性，同时，这一标准也接近多数国家和地区的有关规定。因此，民间借贷案件中，当事人约定的利率超过上述标准的，超过部分，应当认定为无效，人民法院对出借人关于超出标准的利息的诉讼请求不予支持。

### 👆 普法提示

（一）保证人事先应当明确保证范围

若市场主体在经济生活中需要为他人保证，保证人在与债权人签订保证合同时，应当事先明确承担保证责任的范围。特别是作为民间借贷合同的保证人时，要更加注意利息和利率、逾期利息和利率以及实现债权的费用等，这些因素直接与保证的范围、金额相联系。保证人应当要求在保证合同中明确具体的数额、标准和计算方式，以免产生纠纷时处于被动地位。如果不对保证范围进行明确约定，将有可能对全部债务承担保证责任。

### （二）合理确定民间借贷合同的利率

经过上述介绍，市场主体在签订民间借贷合同时，利息约定应当依法依规，且年利率应以一年期贷款市场报价利率四倍为上限。未超过上限部分的利息，可以得到司法保护，超过上限的部分应认定为无效。另外，若出借人与借款人既约定了逾期利率，又约定了违约金或者其他费用，则出借人可以单独选择主张逾期利息、违约金或者其他费用，也可以一并主张，但年利率总计超过一年期贷款市场报价利率四倍的部分，将无法得到法院支持。

### （三）主债权债务变更应当经过保证人同意

尽管保证合同是主合同的从合同，但保证合同也需要保证人和债权人另外签订，要求保证人和债权人意思表示一致且真实，内容不得违反法律、行政法规的强制性规定。保证合同是保证人承担保证责任的基本依据，因此，在主债务变更如果未经保证人同意的情况下，相当于保证合同没有变更，因此主合同的变更对保证人不生效力，减轻债务人债务的除外。因此，在经济生活中，主合同当事人在变更合同时，如果涉及保证人的保证责任，就需要征得保证人的同意，以免被认定为对保证人不生效力。

保证人也应当及时关注主合同的变更和履行情况，发现主合同当事人私下加重保证责任的，应当及时维护自身权利，以免承担过重的保证责任。

## 案例四 最高额保证的"限额"为"债权最高额"还是"本金最高额"

李楠[①]

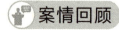 案情回顾

（一）事实认定

2015 年 1 月 19 日，杨林向钱多多银行申请办理了"钱多多银行优享信用卡"，同年 2 月 24 日，郝鹏有（甲方）与钱多多银行（乙方）签订《优享信用卡最高额保证合同》，合同约定："为确保乙方钱多多银行信用卡客户杨林在其与乙方《钱多多银行优享信用卡个人领用合约》（主合同）项下义务能得以切实履行，甲方愿意提供不可撤销的最高额担保；本合同保证方式为连带责任保证，最高额保证的债权确定期间为 2015 年 2 月 24 日至 2018 年 2 月 24 日，最高债权额为 100 万元；担保范围包括所有主合同项下的全部债务，包括但不限于费用（年费、预借现金手续费、滞纳金等）、透支利息、复息、罚息、透支款及其他主合同与信用卡账户项下债务与实现债权费用（包括但不限于律师费、差旅费等）。"在《优享信用卡最高额保证合同》甲方郝鹏有签字下方有一段文字即"甲方对上述合同内容已经认真阅读并充分理解，且与乙方协商一致"。

同年 2 月 28 日，杨林领取了钱多多银行发放的优享信用卡，并在《优享信用卡领取交接审批表》上签字，最高信用额度为 100 万元。

随后，杨林使用该信用卡进行了透支提现，但未及时还款，故钱多多银行来法院起诉。

---

① 北京市第二中级人民法院民三庭法官。

一审审理中，郝鹏有称，对于《优享信用卡最高额保证合同》，对第二页下方甲方处签名认可，但没见过里面的内容，不清楚保证的事情；钱多多银行曾打电话联系核实个人信息，后工作人员去郝鹏有公司了解资产情况、资质以及盈利情况，后电话告知郝鹏有办手续，郝鹏有就签订了一份材料。钱多多银行提交郝鹏有在其所在单位签订《优享信用卡最高额保证合同》的照片，证明对郝鹏有进行了告知。

（二）一审法院意见及判决结果

公民、法人的合法权益依法受法律保护。首先，郝鹏有与钱多多银行签订了《优享信用卡最高额保证合同》，未违反相关法律法规的强制性规定，应属合法有效。其次，钱多多银行表示对郝鹏有进行了告知，并提交照片，证明郝鹏有在其单位签订保证合同。因此，郝鹏有应当对杨林的债务承担连带保证责任，但其承担连带保证责任后，有权向杨林追偿。故钱多多银行要求杨林偿还拖欠款项本息并要求郝鹏有承担连带保证责任的诉讼请求理由正当，一审法院予以支持。

据此，一审法院作出以下判决：1. 杨林于判决生效之日起十日内偿还钱多多银行借款本金 987479.57 元及相应的利息、滞纳金；2. 郝鹏有对杨林上述还款义务承担连带保证责任；3. 郝鹏有承担连带保证责任后，有权向杨林追偿。

（三）二审法院意见

郝鹏有随后提起上诉。二审程序中，二审法院补充查明：2015 年 2 月 24 日至 2018 年 2 月 24 日，杨林欠付钱多多银行本金 987479.57 元、利息 110309.11 元、滞纳金 1800 元、手续费 220 元。

二审的主要争议焦点为：郝鹏有需要承担的担保范围是借款本金 98 万余元及产生的相应利息还是最高额担保范围 100 万元？

二审法院经审理认为，《优享信用卡最高额保证合同》约定最高额保证的债权确定期间为 2015 年 2 月 24 日至 2018 年 2 月 24 日，最高债权额为

100万元,一审判决未对郝鹏有承担连带保证责任的最高债权额作出限制,属认定事实错误,予以纠正,改判郝鹏有对杨林上述还款义务在100万元范围内向钱多多银行支行承担连带保证责任。

## ⚖ 法理分析

（一）何为最高额保证

最高额保证是为一定期限内连续发生的债权提供保证的一种担保方式,在银行的信贷业务实践中应用非常广泛。相较于普通担保,最高额保证担保的债权的数量是不确定的,保证的为一段时间内连续发生的债权,交易具有连续性,在此过程中,担保的债权可能是一个也可能是多个。

《民法典》第二编第四分编第十七章第二节和第六百九十条规定了最高额抵押权和最高额保证制度。

《民法典》第四百二十一条规定:"最高额抵押担保的债权确定前,部分债权转让的,最高额抵押权不得转让,但是当事人另有约定的除外。"

《民法典》第四百二十三条规定:"有下列情形之一的,抵押权人的债权确定:(一)约定的债权确定期间届满;(二)没有约定债权确定期间或者约定不明确,抵押权人或者抵押人自最高额抵押权设立之日起满二年后请求确定债权;(三)新的债权不可能发生;(四)抵押权人知道或者应当知道抵押财产被查封、扣押;(五)债务人、抵押人被宣告破产或者解散;(六)法律规定债权确定的其他情形。"

《民法典》第六百九十条规定:"保证人与债权人可以协商订立最高额保证的合同,约定在最高债权额限度内就一定期间连续发生的债权提供保证。最高额保证除适用本章规定外,参照适用本法第二编最高额抵押权的有关规定。"

（二）最高额保证的"最高额"如何确定

在最高额保证合同关系中,最为关键的要素即为"最高额"的限度,因为其关乎担保权人得以优先受偿的数额，无论对于担保权人、担保人还是担保人的普通债权人而言都非常重要。但是上述法律规定较为宽泛，对"最高债权限度"的范围没有详细的定义与解释。最高额担保之"最高额"是否仅限于债权本金，还是包括利息、违约金等，存在两种不同的观点。

第一种观点为债权最高额。该观点认为担保的最高额包括本金、利息、违约金等所有费用的总和，即所有债权总额在最高额内。

第二种观点为本金最高额。该观点认为最高额担保的最高债权额仅指本金余额之和，即只要本金余额之和在最高额内的，即便由本金产生的利息、违约金等其他费用与本金相加之和超过最高额，担保人仍需对超出部分承担担保责任。

在担保范围均为本金、利息、违约金的情况下，上述两种观点的区别在于：

1.按照债权最高额观点，本金、利息、滞纳金合并计算受偿的债权，以"最高额"为限，超过该限额部分，无优先受偿权；

2.按照本金最高额观点，本金以"最高额"为限，在此过程中产生的利息、滞纳金等即便超出最高额约定仍可获得优先受偿。

本案中，法院采用了债权最高额观点，认为郝鹏有与钱多多银行在《优享信用卡最高额保证合同》中约定了"最高债权额为100万元"，根据合同该项约定的文意理解，可以认定双方约定的为"债权最高限额"，最后改判郝鹏有在100万元范围内对杨林的相应债务承担保证责任。

## 知识拓展

（一）最高额保证与普通担保之比较

最高额保证相较于普通担保具有相对独立性。主要体现在以下几个方面：

1.效力的独立性，即最高额保证可以设立于主合同成立生效之前；最高额保证不因最高额保证范围内的某一项或数项主合同无效而无效。

2.存续上的独立性，在最高额保证中，除当事人另有约定外，最高额保证的债权确定前，部分债权转让的，最高额保证权不得转让。

3.消灭上的独立性，最高额保证不因担保期间内某一项主合同债权获得清偿而消灭。

正是基于最高额保证的上述优势，最高额保证具有相较于普通担保而言更强的担保功能，大大降低了交易成本，广泛为银行等金融机构所采用。

（二）"债权最高额"与"本金最高额"哪一个对债权人更有利

我们做一道简单的算术题。

甲银行为乙公司在2017年6月1日至2019年12月31日内提供5000万元的综合授信融资，丙公司作为保证人提供了最高额保证担保，担保最高限额为5000万元，担保范围及于利息、律师费等一切由主债权产生的相关费用。甲银行自2017年6月起向乙公司连续发放贷款合计本金余额总额为4500万元。后公司经营不善，至甲银行向法院提起诉讼时，除本金外尚欠利息、罚息、费用等700余万元。甲银行要求乙公司归还借款及欠息合计5200万元，并要求丙公司对上述债务承担连带保证责任。

如果是按照债权最高额计算，保证人只需就5200万元里的5000万元承担保证责任，但如果按照本金最高额计算，由于本金余额之和为4500万元，并未超过5000万元，加上利息、罚息等费用虽然超过5000万元，但超出部分保证人亦需承担保证责任。

可以看出，本金最高额对债权人更为有利。

（三）最高额抵押权债权之确定

《民法典》第四百二十三条规定了几种最高额抵押权担保的债权数额得以确定的事由，具体分析如下：

1.约定的债权确定期间届满。债权确定期间是指最高额抵押权所担保的债权金额在一定时间内确定。实践中，最高额抵押权人为了防止抵押人任意行使确定债权额的请求权，而使自己处于不利地位；抵押人为了防止自己所担保的债权长期处于不稳定的状态，一般都愿意在最高额担保合同中对债权确定的期间进行约定。当事人约定的确定最高额抵押权的债权期间届满，最高额抵押权所担保的债权额就自行确定。这里需要区分两组概念：一是刚才说到的当事人约定的债权确定期间；二是最高额抵押权的存续期间，后者主要是指最高额抵押权担保债权的期间。

2. 没有约定债权确定期间或者约定不明确，抵押权人或者抵押人自最高额抵押权设立之日起满二年后请求确定债权。实践中，当事人可能没有约定债权确定期间，或者即使有约定，但约定的期间不明确，在这种情况下就可以适用本条的规定，抵押权人或抵押人可以自最高额抵押权设立之日起满两年后请求确定债权。

3. 新的债权不可能发生。在新的债权不可能发生的情况下，最高额抵押权所担保的债权额也随之确定。这里的"新的债权不可能发生"主要包括两种情形：一是连续交易的终止。如果最高额抵押是对连续交易提供担保，则连续交易的结束日期就是债权额的确定时间，即使当事人约定的债权确定期间或者本条第二项规定的法定确定期间还没有届至，最高额抵押权所担保的债权额也确定。二是最高额抵押关系的基础法律关系消灭而导致新的债权不可能发生。比如在连续借款合同中，借款人的严重违约导致借款合同依照约定或者法律规定被解除，新的借款行为自然不再发生。这种关系终止时，最高额抵押权所担保的债权额也必然确定。此种事由中，债权额确定时间不受当事人约定的或者法定确定期间的影响。

4. 抵押权人知道或者应当知道抵押财产被查封、扣押。需要注意的是，被担保的债权额因抵押财产被查封、扣押而确定的，除了其他法律另有规定，最高额抵押权人仍可以就被确定的担保债权额对抵押财产行使优先受偿权，这种优先受偿权优先于一般债权，也优先于排在其后的其他担保物权。

5. 债务人、抵押人被宣告破产或者解散。在最高额抵押权存续期间，债务人、抵押人被宣告破产或者被撤销所产生的直接法律后果就是债务人、抵押人进入破产程序或者清算程序。根据《企业破产法》的规定，未到期的债权，在破产申请受理时视为到期。附利息的债权自破产申请受理时起停止计息。根据《民法典》第四百二十条的规定，债务到期是实现最高额抵押权的法定事由，抵押人进入破产程序的，其所有的财产（包括最高额担保财产）都由破产管理人占有和支配，但对破产人的特定财产享有担保物权的权利人，对该特定财产享有优先受偿的权利，所以抵押人被宣告破产也使最高额抵押所担保的债权确定成为必要。同理，在债务人、抵押人被撤销的情况下，债务人或者抵押人进入清算程序也需要确定担保债权额。

## 普法提示

在现代经济生活中，最高额保证大大降低了交易成本，避免了程序化工作的重复操作，解决了债务人在一段时期内的融资需要，同时"高效率"地为债权人的权益提供了最高限额的保障，有利于促进资金融通和企业发展的需要。但在实践中，由于合同约定不明或当事人在履行过程中信息不对等原因，使最高额保证合同容易引发诉讼纠纷，在此，给大家提以下几点建议。

第一，相对于债权最高额，本金最高额对银行等债权人的保护更为有利。在法律没有对"最高债权额度"作出明确规定的情况下，为了更好地保护债权人的利益，建议在最高额保证合同中按照本金最高额进行明确约定。

第二，债权人在接受最高额担保时，应当审慎控制本金数额，使最高债权额度与债权本金金额保持合理差额，在贷款实际发放时，要把利息、罚息、违约金、律师费等费用考虑在内，以保障相关权益也能够得到优先受偿。

第三，对于保证人来说，应当谨慎考虑向他人提供最高额担保。同时，在签订最高额保证合同时，应当约定设计好融资信息及时告知条款、终止担保的触发条件等条款，以便在担保期内及时掌握融资情况，及时在必要触发条件成就时终止担保进行止损。

案例五 | # 债权人应当在何时向保证人主张权利？
——保证期间与诉讼时效的关系

曹欣[①]

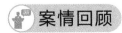 **案情回顾**

2021 年 1 月 15 日，张三出具借条载明：本人从李四处借得人民币 100 万元，借款期限 1 个月，于 2021 年 2 月 15 日归还。借款人张三和保证人王五分别在借条落款处签名并捺手印，出借人李四亦在借条上签字。借款到期后，张三未依约还款，经李四催要，王五于 2021 年 3 月 15 日向李四转账还款 29 万元。2021 年 10 月 20 日，李四将王五单独诉至法院，请求判令王五偿还李四剩余的借款本金 71 万元，并支付自 2021 年 3 月 11 日起至实际支付之日止，按照年利率 6% 计算的利息。

王五在一审答辩称，双方约定担保责任已经超过法定的担保期限，故其不应承担保证责任。

一审法院经审理认为，李四与张三之间的民间借贷关系以及与王五之间的保证合同关系，均合法有效。双方当事人未约定王五承担保证责任的方式，根据《担保法》第十九条的规定，王五应按照连带责任保证承担保证责任。另根据《最高人民法院关于适用〈中华人民共和国担保法〉若干问题的解释》（以下简称《担保法解释》）第一百二十六条规定，连带责任保证的债权人可以将保证人作为被告提起诉讼。本案中，李四将保证人王五作为被告单独提起诉讼，符合法律规定。李四与王五未约定保证期间，根据《担保法》第二十六条的规定，王五的保证期间应为主债务履行期届满之日起六个月内。李四在保证期间届满前，要求王五承担保证责任，且王五已经偿还了借款 29

---

035 ——

万元，根据《担保法解释》第三十四条第二款规定，连带责任保证的债权人在保证期间届满前要求保证人承担保证责任的，从债权人要求保证人承担保证责任之日起，开始计算保证合同的诉讼时效。李四提起本案诉讼时，未超过法定的诉讼时效期间，故一审法院对王五的辩称意见不予采纳，依法判决王五向李四偿还剩余的借款本金，并支付相应的借款利息；王五承担上述保证责任后，有权向债务人张三追偿。

王五不服一审判决提出上诉，主张一审判决适用法律错误，混淆了保证期间和诉讼时效的概念，请求驳回李四对王五的诉讼请求。二审法院经审理认为，一审判决认定事实清楚，适用法律正确，依法驳回王五的上诉，维持原判。

## ⚖ 法理分析

王五二审提出的上诉理由主要涉及保证期间和诉讼时效的关系问题。

（一）保证期间的概念及其性质

《民法典》第六百九十二条第一款规定："保证期间是确定保证人承担保证责任的期间，不发生中止、中断和延长。"第六百九十三条规定："一般保证的债权人未在保证期间对债务人提起诉讼或者申请仲裁的，保证人不再承担保证责任。连带责任保证的债权人未在保证期间请求保证人承担保证责任的，保证人不再承担保证责任。"此外，保证期间是从债权人的权利在客观上发生时起计算，而不是从当事人主观上知道或者应当知道其权利可以行使时起计算。因此，我国《民法典》规定的或者当事人约定的保证期间，其性质属于除斥期间，即债权人要求保证人承担担保责任的权利存续期间。法律规定的或者合同约定的保证期间届满，债权人要求保证人承担保证责任的实体权利归于消灭，保证人免除保证责任。保证期间将保证人的保证责任限定在一定的期间内，可以避免保证人长期处于可能承担责任的不利状态，实质上也维护了债权人的利益，促使债权人及时向债务人行使权利，避免可能因债务人财产状况恶化而影响到债权的实现。

## （二）诉讼时效的概念及其法律意义

诉讼时效是指权利人在法定期间内不行使权利，持续达到一定期间而致使其请求权或者权利消灭的法律事实。诉讼时效期间届满时，权利人丧失的是胜诉权，而非消灭实体权利和程序上的起诉权。法律规定时效制度，是为了维持交易安全和法律关系的稳定，防止社会所信赖的事实状态被所谓"权利的睡眠者"推翻。诉讼时效可以根据法律规定的事由而发生中止、中断或延长。

## （三）保证期间和诉讼时效的关系

保证期间与诉讼时效，是我国《民法典》规定的两种不同的期间制度。两者关系密切，相互联系。我国《民法典》第六百九十四条规定："一般保证的债权人在保证期间届满前对债务人提起诉讼或者申请仲裁的，从保证人拒绝承担保证责任的权利消灭之日起，开始计算保证债务的诉讼时效。连带责任保证的债权人在保证期间届满前请求保证人承担保证责任的，从债权人请求保证人承担保证责任之日起，开始计算保证债务的诉讼时效。"根据上述规定，在保证期间内，只要债权人按照法律规定的方式主张了权利，则保证期间不再发生作用，诉讼时效制度开始发生作用。由于我国《民法典》规定了一般保证和连带保证两种不同的保证方式，并且对债权人如何主张权利，规定了不同的方式，由此也产生了两者诉讼时效起算点的不同。

本案中，债权人李四在保证期间内，于2021年3月10日要求保证人王五承担保证责任，此时，根据我国《民法典》第六百九十四条的规定，开始计算保证合同的诉讼时效。我国《民法典》第一百八十八条规定，向人民法院请求保护民事权利的诉讼时效期间为三年。法律另有规定的，依照其规定。李四于2021年10月20日将王五诉至法院，未超过上述法定的诉讼时效期间，故李四起诉王五符合诉讼时效的法律规定，且其诉讼请求具有事实和法律依据，应予支持。

### 知识拓展

该案系典型的保证合同纠纷，涉及保证法律关系的多个法律问题。

（一）关于保证的概念

所谓保证，是指保证人和债权人约定，当债务人不履行债务时，保证人按照约定履行债务或者承担责任的行为。相对于抵押、质押、留置等物的担保，保证属于保证人提供的信用担保。

（二）关于保证合同的形式

我国《民法典》第六百八十一条规定："保证合同是为保障债权的实现，保证人和债权人约定，当债务人不履行到期债务或者发生当事人约定的情形时，保证人履行债务或者承担责任的合同。"保证作为一种民事法律关系，通常情况下，应是债权人与保证人经过协商达成一致意见，并通过由双方共同签字或盖章的书面协议形式表现出来。我国《民法典》第六百八十五条第一款规定："保证合同可以是单独订立的书面合同，也可以是主债权债务合同中的保证条款。"然而，由于保证合同不同于一般的民事合同，其对于主合同的从属性，以及保证人与债务人的关联性，决定了保证合同在成立方面具有其特殊性。

实践中，保证合同的成立主要包括以下几种情况：

第一，保证人与债权人以书面形式订立保证合同，这是保证合同成立的典型形式。

第二，保证人与债权人、债务人共同订立合同。有时协议仅具有主合同条款，并不具有保证合同的内容，却由保证人及主合同的债权人和债务人分别签名盖章。例如，保证人在合同的"保证人"栏下签名或盖章，其承担保证义务的意思表示十分明显；而债权人在写有保证人的主合同上签名或盖章，既表示其同意主合同条款，也表示其同意作为从合同的保证合同，保证合同与主合同同时成立。即使合同上没有注明保证范围和保证期间，也不妨碍该书面保证合同的成立。本案中，保证人王五为债务人张三提供保证担保，即属于这种保证合同成立的情形。

第三，保证人单独出具保证书。有时保证人应债务人的请求或者出于其他原因，出具保证书，明确表示为债务人履行债务承担保证义务，特别是有些商业银行将事先印制好的还款担保书或者保函交给借款人，再由借款人交给其寻找到的保证人填写并签章。当债务人或者保证人将此种保证书送交债权人，应视为保证人为订立保证合同而向债权人发出的要约，如果债权人以口头或书面形式明确表示同意的，保证合同即告成立；在债权人收到保证书后没有明确表示同意与否的情况下，由于保证合同属于单务合同，仅有保证人一方负有义务，而合同的另一方当事人（债权人）并不就保证合同承担义务，保证合同一旦成立，只能给债权人带来保证债权实现的利益，因此，此种情况下，可以认为债权人以默示的形式作出同意的意思表示，保证合同从而得以成立。我国《民法典》第六百八十五条第二款规定："第三人单方以书面形式向债权人作出保证，债权人接受且未提出异议的，保证合同成立。"当然，如果这种保证书未交给债权人，或者虽然交给了债权人，但债权人明确表示反对，则保证合同因缺乏一方的意思表示而不能成立。

（三）关于保证合同的主要内容

我国《民法典》第六百八十四条规定："保证合同的内容一般包括被保证的主债权的种类、数额，债务人履行债务的期限，保证的方式、范围和期间等条款。"这里重点就保证的方式、保证担保的范围、保证期间的约定进行讲解。

1.关于保证的方式，包括一般保证和连带责任保证。当事人在保证合同中约定，债务人不能履行债务时，由保证人承担保证责任的，为一般保证。一般保证的保证人在主合同纠纷未经审判或者仲裁，并就债务人财产依法强制执行仍不能履行债务前，对债权人可以拒绝承担保证责任。我国《民法典》第六百八十七条明确规定了四种例外情形：（1）债务人下落不明，且无财产可供执行；（2）人民法院已经受理债务人破产案件；（3）债权人有证据证明债务人的财产不足以履行全部债务或者丧失债务履行能力；（4）保证人书面表示放弃本款规定的权利。

我国《民法典》第六百八十八条规定："当事人在保证合同中约定保证人和债务人对债务承担连带责任的，为连带责任保证。连带责任保证的债务人不履行到期债务或者发生当事人约定的情形时，债权人可以请求债务人履行债务，也可以请求保证人在其保证范围内承担保证责任。"此外，第六百八十六条第二款规定："当事人在保证合同中对保证方式没有约定或者约定不明确的，按照一般保证承担保证责任。"对于原《担保法》第十九条规定作出了重大修改。

2.关于保证担保的范围，我国《民法典》第六百九十一条规定："保证的范围包括主债权及其利息、违约金、损害赔偿金和实现债权的费用。当事人另有约定的，按照其约定。"

3.关于保证期间的约定，主要有以下四种情况：第一，保证合同的双方当事人，即债权人和保证人，在保证合同中明确约定了保证期间，而且这种期间符合法律的规定，此时应当尊重当事人的约定。

第二，当事人虽然对保证期间作出了约定，但所作出的约定不符合法律的规定，或者不符合保证合同及保证责任的基本性质。保证人保证责任的产生是以债务人没有履行义务为前提的。如果当事人在保证合同中约定的保证期间早于主债务履行期限时，主债务的履行期限尚未到期，债务人尚没有义务即时履行债务，对保证人的保证责任自然不能发生现实履行的效力，保证人可以此为由进行抗辩，拒绝债权人的履行请求。如果当事人在保证合同中约定的保证期间等于主债务履行期限，当主债务的履行期届至，保证期间就已经结束，保证人可以不再承担保证责任，此种约定使保证人的保证责任形同虚设，也与当事人设立保证担保的本意相悖。

第三，债权人和保证人没有对保证期间作出约定。

针对上述第二种和第三种情形，我国《民法典》第六百九十二条第二款规定，债权人与保证人约定的保证期间早于主债务履行期限或者与主债务履行期限同时届满的，视为没有约定；没有约定或者约定不明确的，保证期间为主债务履行期限届满之日起六个月。这是由法律所作出的一种推定。另外，如果债权人与债务人对主债务履行期限没有约定或者约定不明确的，保证期间自债权人请求债务人履行债务的宽限期届满之日起计算。

本案中，王五作为保证人在借款人张三出具的借条上签名，出借人李四在借条上签字，既表明债权人李四对该借条上所载明的借款金额、借款期限、还款时间等主合同内容予以确认，也表明其同意王五为债务人履行债务提供保证担保。李四与王五之间的保证合同、李四与张三之间的借款合同同时成立。因李四与王五未明确约定王五承担保证责任的方式，根据我国《民法典》第六百八十六条第二款的规定，保证人王五则应当按照一般保证承担保证责任。同时，双方当事人之间未约定保证期间，根据我国《民法典》第六百九十二条第二款规定，债权人李四有权自主债务履行期届满之日起六个月内要求保证人王五承担保证责任。

（四）关于保证人的追偿权问题

我国《民法典》第七百条规定，保证人承担保证责任后，除当事人另有约定外，有权在其承担保证责任的范围内向债务人追偿，享有债权人对债务人的权利，但是不得损害债权人的利益。人民法院判决保证人承担保证责任或者赔偿责任的，应当在判决书主文中明确保证人享有上述权利，从而赋予保证人向债务人追偿的权利。

严格地说，追偿权只有在保证人承担了保证责任后方产生，属于另一法律关系。鉴于保证人的保证责任已经过人民法院判决的确认，在该判决书的主文中一并明确保证人对债务人享有追偿权，可以减少当事人的诉累。保证人在承担保证责任后，即可根据其承担责任的情况，依据生效判决，直接进入执行程序。如果人民法院的判决书中未予明确保证人的追偿权，或者保证人在行使追偿权问题上与债务人发生纠纷，则保证人只能另行提起诉讼。保证人追偿权的性质为一种债权请求权，应当受到诉讼时效的限制。保证人对债务人行使追偿权的诉讼时效，应当自保证人向债权人承担责任之日起开始计算。

需要注意的是，保证人追偿权的成立必须具备如下要件：一是保证人已经履行了保证债务；二是因保证人履行保证债务而使主债务消灭；三是保证人的履行行为无过错。保证人在履行保证义务过程中的过错主要表现为，因故意或过失而未能行使主债务人享有的抗辩权，从而造成了不应有的履行（如主债务本身不成立）或者超过应有范围的履行（如主债务人本未违约，保证人却支付了违约金）。这种由于保证人过错所造成的费用支出，保证人无权向债务人追偿。

## 普法提示

结合本案，笔者就保证合同关系的设立及履行，提出以下三点建议：

（一）债权人应当慎重审查保证人的清偿能力

从债权人订立保证合同的目的来看，是保证自己的债权能够得到实现，因而只有具有代为清偿能力的人作为保证人，才能实现这一目的。当主债务人向债权人提出拟担任保证人的人选时，债权人应当慎重地审查保证人的清偿能力。对于债权人来说，这是一种权利。如果债权人经过审查认为保证人的财产实力和履行能力不足以承担保证责任，可以拒绝同该保证人订立保证合同，而要求主债务人另行提供保证人，或者提供其他物的担保（如抵押或者质押担保）。如果债权人疏于行使该项权利，致使与不具备清偿能力的保证人订立了保证合同，则应当自行承担由此而带来的债权得不到完全清偿的风险。

（二）债权人应当及时向保证人行使权利

鉴于保证期间属于除斥期间，如果债权人没有在保证期间内主张权利，则保证人不再承担保证责任，因此，债权人一方面应当在保证合同中明确约定保证期间，且该约定的期间符合法律的规定；另一方面应当及时向保证人主张权利，并且注意保留向保证人主张权利的证据，例如具有催收内容的函件、微信、短信或录音资料。如果保证人拒绝承担保证责任，则债权人应当及时向人民法院提起诉讼，以尽早实现自己的债权。

（三）保证人应当慎重为他人的债务提供保证担保

债权人通常要求保证人对债务人的债务承担连带责任保证。这意味着，当连带责任保证的债务人在主合同规定的债务履行期届满没有履行债务的，债权人依法可以单独起诉保证人，直接要求保证人在其保证范围内承担保证责任。如果当事人之间没有明确约定保证担保范围，保证人依法应当对债务人的全部债务承担责任。虽然保证人承担保证责任后有权向债务人追偿，但现实中，债务人往往因为恶意逃债或者财务状况恶化，导致不履行或者不能履行到期债务，保证人将来实现追偿权的难度较大。因此，自然人和法人均不要轻易为他人的债务提供连带责任保证。如果确因合理事由需要为他人提供保证担保，保证人可以要求债务人提供相应的反担保。反担保人可以是债务人，也可以是债务人之外的其他人。反担保方式可以是债务人提供的抵押或者质押，也可以是其他人提供的保证、抵押或者质押。

案例六 | **保证与债务加入的边界**
——兼以案例比较区分认定标准

陈碧玉 [1]

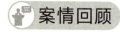案情回顾

（一）案件要览 [2]

2014年7月1日，李大梅向王小丹借款100万元并出具借条。2014年8月9日，李大梅又向王小丹借款200万元，这次也出具了借条，约定借期一年，李大梅的儿媳妇王丽丽作为保证人在借条上签字。

2015年7月29日，李大梅、王丽丽共同向王小丹出具"还款计划"，内容是："2015年8月底还利息30万元，9月底还剩余利息26万元，明年3月底还本金100万元。剩余200万元本金及利息于2016年8月9日到期还款。"李大梅、王丽丽都在还款计划的落款处签字确认。

债务到期后，李大梅、王丽丽都没有还款，于是在2018年1月，王小丹到法院起诉李大梅和王丽丽，要求婆媳二人对300万元的借款承担共同还款责任。要求王丽丽共同还款的理由是，2015年7月29日其与李大梅共同出具的"还款计划"，构成王丽丽对李大梅的债务加入。

（二）审理过程

一审法院经审理后认为，王丽丽在之前的200万元借条上签字的身份是保证人，虽然她在"还款计划"上没有标明保证人的身份，但联系前后案件事实，应当认为王丽丽只有提供连带责任保证的意思表示，所以对于"还款

---

① 北京市第二中级人民法院民三庭法官助理。

② 参见（2019）京02民终7257号民事判决书，为论述方便，已对案例作适当简化处理。

计划"上王丽丽的签字，仍然认定为保证人身份。在没有约定保证期间的情况下，保证期间应当是债务履行期届满之后的半年。在借据中，借款期限至2015年8月9日，在"还款计划"中，借款期限至2016年8月9日，无论从这两个期间中的任何一个期间起算的6个月内，王小丹都没有向王丽丽主张权利，王丽丽不再承担保证责任。故仅判决李大梅还本付息。

王小丹不服一审判决，提起上诉。二审法院经审理后认为，本案的争议焦点在于王丽丽与李大梅共同出具"还款计划"的行为，是否构成王丽丽的债务加入。尽管在"还款计划"出具之前，王丽丽只是200万元借款的保证人，但她在2015年7月29日向王小丹出具"还款计划"，明确承诺对2014年7月1日借款本金100万元、2014年8月9日借款200万元以及相应的利息在一定时间点予以偿还，"还款计划"应当视为王小丹与王丽丽达成新的债权债务协议，构成债务加入，王丽丽应当与李大梅共同承担还款责任。二审判决婆媳二人共同向王小丹承担还本付息责任。

## ⚖ 法理分析

本案的核心问题在于如何区分保证和债务加入。我们先来看看区分二者的必要性，然后从实务中梳理出具有可操作性的区分标准。

### （一）保证与债务加入区分认定的必要性

通常我们认为，债务加入后，承担人与原债务人承担连带责任，没有履行顺位的区分。保证分为一般保证与连带责任保证，在一般保证中，保证人享有先诉抗辩权，只有在主债务人不能履行债务（没有偿还能力）的情况下，保证人才承担责任，在履行顺位上主债务人先于保证人。因此，一般保证与债务加入较为容易区分。比较容易混淆的是连带责任保证和债务加入。在区分保证与债务加入时，更有意义的是对于连带责任保证与债务加入的识别。

第一，保证人负担的是从属债务，而债务加入人负担的是独立债务。《民法典》第六百八十一条规定，保证合同是为保障债权的实现，保证人和债权人约定，当债务人不履行债务或者发生当事人约定的情形时，保证人履行债务或承担责任的行为。保证债务在发生、变更、消灭上具有从属性，也就是说，保证债务的发生以主债务发生为前提；主债务数额的变化，也会影响到保证债务[①]；主债务消灭，保证债务也消灭。对于债务加入，也叫并存的债务承担，之前法律没有明确规定，但理论和实务界一直是认可的，这次的《民法典》第五百五十二条[②]明确规定了债务加入。债务加入人是以新负担债务的行为取得了独立于原债务人的自身债务。加入人与原债务人处于同一给付顺位，没有主从债关系，债权人可以要求加入人或原债务人中的任何一人清偿债务。

第二，二者在形式要求、债务范围、履行期限上存在差异。根据《民法典》第六百八十五条的规定，保证合同要以书面形式订立，为要式合同，而债务加入没有形式要求。保证债务的范围一般包括主债务、利息、违约金、损害赔偿金以及实现债权的费用。而在债务加入中，承担人的债务范围以债务加入时原债务范围为准，一般不包括后续因违约产生的相关债务。在债务存续期间上，保证债务不仅受制于主债务诉讼时效，还受到一般来说期限更短的保证期间的规制；而债务加入中承担人债务只受诉讼时效的规制，在具体情况中，根据债务加入的不同时间点及对于承担债务履行期的不同约定，诉讼时效可能与原债务等同，也可能不同于原债务而独立计算。

第三，保证人与承担人能够援引的抗辩事由不同。基于保证债务的从属性，主债务人对抗债权人的所有抗辩事由，保证人都可以援引，即使是对于主债务人在保证债务成立后产生的对抗债权人的有利抗辩事由，也不例外。而承担人债务以原债务有效存在为前提，但成立之后两个债务并行，原债务人与债权人间所发生事项的效力并不当然及于承担人。所以，承担人可以援

---

① 主债务的变更对于保证债务的影响应当区分情况来看，如果主债务数额减少，则保证范围缩小至减少后的数额；如果主债务数额增加，在未经保证人同意的情况下，保证人仅就变更前的数额承担保证责任。

② 该条规定，第三人与债务人约定加入债务并通知债权人或者向债权人表示愿意加入债务，债权人在合理期限内未明确表示拒绝的，债权人可以请求第三人在其愿意承担的债务范围内和债务人承担连带债务。

引债务加入成立时原债务人对抗债权人的抗辩事由，对于原债务人此后产生的对抗债权人的抗辩事由，承担人不一定能够援引，需要根据连带债务的规则进行具体判断。

当然，以上说到的只是保证和债务加入比较突出的几点区别，如果深挖，二者还存在其他方面的差异，有些问题甚至还存在学术争议，就不在这里具体展开了。[①]

从以上分析，我们可以得出的结论是，对第三人来说，成立债务加入的风险总体上要高于保证，相应地，债务加入对债权人的保护力度要大于保证。

（二）保证与债务加入的区分认定标准

**首先，应当坚持文义优先原则。**虽然保证与债务加入在识别上以探究当事人真意为目的，但具体操作上还是需要借助当事人的措辞。通常情况下，明确的措辞足以反映表意人的内心真意。特别是在相关协议、承诺函由法律专业人士协助起草的场合，尤其需要坚持文义优先。文义解释的第一层含义是，如果承诺函或协议明确使用"保证"或"债务加入"的措辞，原则上应当依照表述进行相应的定性，除非存在足以支持偏离文义进行解释的特殊情况。

当然，实务中还存在大量承诺或协议不是由专业人士拟定，而是当事人自己协商或单方书写的情况。因此，文义解释的第二层含义是，当没有明确可以表明定性的字眼时，应当结合文本中所反映的债务主从关系、履行顺位、债务范围、责任形式等综合判断其更符合保证的实质特征还是更符合债务加入的实质特征。例如，责任人虽然在借款人处签字，但文本中明确体现出了担保期间的约定，应当认定为保证。这一点，可以参照《九民会议纪要》第九十一条来理解，其中提到增信文件的内容符合法律关于保证的规定的，应

---

① 比如主债务人转移债务，不仅需要债权人同意，还需要保证人同意，否则保证人可以不承担保证责任；而原债务人转移债务是否同样需要经过承担人同意？笔者认为可以不经过承担人同意，对于承担人的保护，可以通过原债务人转移债务后，承担人在承担债务后仍可以向原债务人追偿来实现。追偿后，原债务人的损失可以通过向债务受让人主张不当得利来弥补。

当认定成立保证合同关系，不符合的，根据承诺文件的具体内容确定相应的权利义务关系。《最高人民法院关于适用〈中华人民共和国民法典〉有关担保制度的解释》第三十六条第二款进一步规定，第三人向债权人提供的承诺文件，具有加入债务或者与债务人共同承担债务等意思表示的，应当认定为债务加入。

**其次，应当判断当事人对于履行顺位的真实意思。**在一般保证中，只有在主债务人不能履行债务时，保证人才需要履行债务或者承担责任。而债务加入并不具有补充性，债权人可以直接要求原债务人或债务加入人履行债务。因此，履行顺位的约定可以将一般保证与债务加入区别开来。如果第三人在相关承诺或协议中将履行债务的前提界定为债务人"不能""无法""无财产"履行债务，此时就存在明显的履行顺位。符合《民法典》第六百八十七条关于一般保证的定义，应当认定为一般保证，可以排除债务加入。

应当注意的是，"债务人不能履行债务"与"债务人不履行债务"之间存在差别，前者要求债务人没有清偿能力，而后者仅要求债务人到期不履行债务。在保证法律关系前提下，如果仅约定债务人不履行债务，第三人就承担责任，未体现对债务人没有清偿能力的约定，只能认定为连带责任保证。由此产生的问题是，在未能确定是保证还是债务加入关系时，如果不存在履行顺位的约定，仅约定债务人不履行债务则由第三人承担责任，如何区分是连带责任保证还是附条件的债务加入（所附条件即为"债务人不履行债务"）。此时，还是应当综合文义、实质特征等其他区分标准进一步判断。

此外，如果专门约定了第三人履行债务的期限，一般应认为是债务加入。如约定主债务于 2020 年 1 月 20 日前履行，如果主债务人不履行，第三人于 2020 年 2 月 20 日前履行，该期限与保证期间不同。当然，如果明确约定第三人可以在主债务履行期届满前，就代替主债务人履行的，明显不符合保证的性质，应当认定为债务加入。

**再次，应当结合合同订立原因、利益状态等综合判断。**从订立原因、利益状态来看，除当事人之间具有家人、亲属等特殊关系外，第三人自身如果对债务之履行具有直接和实际的经济利益，更有可能成立债务加入，反之如果完全是基于情谊和恩惠上的帮助，则更有可能成立保证。在债务加入中，尤其是在商事行为中，加入人通常对于债务的履行是享有利益的，因此使自己加入原债务之中，如同债务人一样承担责任。例如，在有限责任公司丧失支付能力的情形，为避免公司进入破产程序影响自己的商业信誉，该公司执行董事向公司的债权人承诺代为履行付款义务，执行董事即存在直接的经济利益。

当然，对于利益标准的判断不是绝对的，即使在保证中，保证人也可能在追求自身的经济利益，比如有偿性质的保证；而在债务加入中，不追求自身经济利益的加入人也可能存在。况且，到底什么是"直接和实际的经济利益"，也存在见仁见智的问题。因此，需要我们同时结合前面说到的几个判断标准来综合认定，其中必然还涉及法院裁判尺度和价值判断的问题，结论往往并非显而易见。

**最后，应当明确存疑推定规则。**如果依据上述标准仍存有疑义、判断困难时，应认定为保证还是债务加入？就此问题，最高人民法院在信达公司石家庄办事处与中阿公司等借款担保合同纠纷案（2005）民二终字第 200 号民事判决书指出："判断一个行为究竟是保证，还是并存的债务承担，应根据具体情况确定。如承担人承担债务的意思表示中有较为明显的保证含义，可以认定为保证；如果没有，则应当从保护债权人利益的立法目的出发，认定为并存的债务承担。"这个案例可以说是确立了存疑推定为债务加入的规则。该案例被载入 2006 年《最高人民法院公报》，对实务界影响巨大，在各种司法实务类文章中也不断被援引，且最高人民法院在 2019 年《九民会议纪要》的释义书里，仍然坚持这个观点。

但是，对于存疑推定为债务加入规则的质疑也一直都存在。这种偏向于保护债权人利益的价值取向在我国立法和司法中，可以说是一以贯之。比如按照原《担保法》第十九条的规定，当事人对保证方式没有约定或者约定不明确的，推定为连带责任保证。然而，法律应立足于均衡保护，不应偏向于保护任何一方，除非存在特殊的正当化事由。应该说，这种正当化事由在保证情形并不存在，因为保证人是单方承担义务，对债权人有百利而无一害。因而，在价值取向上应该更倾向于保护保证人。对此，《民法典》已经改变了原《担保法》第十九条的立场，确认存疑应当推定为一般保证。同样的道理，对于保证和债务加入，基于保护第三人利益的考虑，存疑时应推定为保证更为恰当。事实上，最新颁布的《最高人民法院关于适用〈中华人民共和国民法典〉有关担保制度的解释》已经在第三十六条第三款将存疑推定规则明确为：第三人提供的承诺文件难以确定是保证还是债务加入的，人民法院应当将其认定为保证。

### 📢 知识拓展

前文所述的保证和债务加入的区分意义和区分标准相对理论化，下文将通过几个具体的案例更直观地感受这些标准在实务中的运用。

（一）承诺债务人若还款困难，则由其承担还款，构成一般保证

案例1：赵大卫为朋友李上品的40万元借款出具了一份"证明"，内容为：李上品的欠款具体金额还款时统一结算，还款日期为2014年10月底前。若李上品还款困难，赵大卫负责还款。后因李上品逾期不还款，债权人王小斑提起民事诉讼，要求赵大卫和李上品二人承担还款责任。其在民事诉状中写明要求赵大卫承担保证责任，但在之后的庭审中，却改口要求赵大卫承担"债务加入"责任，共同还款。

对于赵大卫出具的"证明"的法律效力，法院认为，应当以相应证据材料内容所要表达的真实意图为基础，结合当事人意思表示进行综合认定。本案中，从赵大卫出具"证明"内容的字面意思理解，对于"若李上品还款困难，赵大卫负责还款"，可以理解为李上品是还款的第一责任人，在李上品还款困难的情况下，赵大卫才具有还款责任，符合原《担保法》关于一般保证的法律规定，应当认定为一般保证，赵大卫享有先诉抗辩权。

## （二）"自愿承担债务"的承诺应认定构成债务加入

案例2：严文文向兰丹丹借款20万元用于支付工程款，并签订了借款合同，约定还款期限为1年，利息为月利率2%。借款到期后，严文文无力偿还本息，经与兰丹丹协商，严文文、兰丹丹及严文文的表哥肖雷达成还款协议。协议约定：对于严文文向兰丹丹所借的20万元，严文文保证在三个月内付清本息，如有其他变故，将由肖雷自愿承担并清偿所借兰丹丹款项本息。到期后严文文依然没能偿还借款本息，兰丹丹便起诉要求严文文、肖雷连带清偿20万元借款本息。

就本案当事人约定的性质，法院认为应当构成债务加入。理由是：从约定文本来看，未能体现出保证的意思表示或是具有保证实质特点；从用语"自愿承担并清偿"来看，更符合对债务承担的理解，且没有明确免除原债务人严文文的还款责任，应当构成并存的债务承担即债务加入。

## （三）在约定不明的情况下，应结合合同目的、承担人与合同利益的关联程度综合考虑约定的性质

案例3：益安煤矿向中翔集团借款2000万元，并签订了《借款协议》。同时该《借款协议》约定，"益安煤矿的委托经办人李俊生和益安煤矿的其他股东均对益安煤矿的上述借款承担连带还款责任"。《借款合同》并未明确李俊生是基于何种身份承担还款责任，其在合同中的签名亦仅显示了其经办人身份。双方在诉讼中对上述约定的责任性质存在异议，债权人主张为债务加入，而李俊生主张系连带担保责任。

对于李俊生承诺承担连带还款责任的性质如何认定的问题，最高人民法院认为：在双方约定不明的情况下，应结合合同目的、承担人与合同利益的关联程度综合考虑约定的性质。本案中，益安煤矿向中翔集团借款2000万元系用于煤矿改造事宜，李俊生作为益安煤矿的实际出资人和控制人，与益安煤矿的经营行为和实际收益存在利害关系，其亦直接参与了本案所涉益安煤矿股权转让和借款过程，并直接向中翔集团支付了200万元款项，故其在

《借款合同》中承诺的对益安煤矿借款承担连带还款责任，不仅仅是为了益安煤矿的利益而承担责任，其对此亦有直接和实际的利益。因此，李俊生在《借款合同》中作出的还款承诺更符合债务加入的特征。

由以上几个案例可以看出，关于保证尤其是连带责任保证与债务加入的区分，虽然实务中已经总结出一定的标准，但是在个案中，仍然需要结案实际案情作出具体分析，二者的边界并不是完全泾渭分明的，如果在更大范围内搜索判例可以发现，类案不同判的现象也在一定程度上存在。

### 普法提示

从法律实务的角度，为了避免司法裁判的不确定性，奉行的总原则是尽量通过书面形式将双方的权利义务约定清楚，降低纠纷发生的可能性。为此，当事人可以从以下三个方面做好防范。

**第一，在承诺或协议中明确责任性质。**多数人对于保证责任是有认知的，会误以为提供担保便构成保证行为，而实际上，债务加入也具有担保的功能。实务中往往因为对债务加入认知不足，误以为自己的行为构成保证，但又因为协议约定不够明确，没办法在文义表达上清晰显示保证，从而被推定为债务加入，无法使用保证期间抗辩，承担了较保证更重的责任。因此，为了避免将来发生争议，有必要在书面文件中明确约定承担的是保证责任还是债务加入责任，在保证责任中明确是一般保证还是连带责任保证，最大限度地避免纠纷。

**第二，在债务加入场合尽量采用三方协议。**在所有形成债务加入法律关系的合意中，债权人、债务人与第三人之间的三方债务加入协议是效力最为确定、产生纠纷的可能性最小的一种合意形式。三方协议能够反映各方诉求，对于三方都有效，避免了意思表示因传达、通知等产生的不确定性，在司法实践中也是最能够获得认可的一种债务加入协议形式。如果确实因主、客观原因不能达成三方协议，无论是债权人还是债务人，至少应当一方与第三人达成协议，而不能仅仅由债权人和债务人双方达成协议，否则无法约束第三人。

第三，对第三人追偿权作出安排。在债务加入的情况下，法律对于追偿权问题是没有明确规定的。是否类推适用保证人关于追偿权的法律规定实务中也有争议。为了减少矛盾，对于债务加入人，可以事先与原债权人对债务分担作出约定。根据《民法典》第一百七十八条，连带责任人的责任份额根据各自责任大小确定；难以确定责任大小的，平均承担责任。实际承担责任超过自己责任份额的连带责任人，有权向其他连带责任人追偿。如果没有约定或约定不明确，只能依据这一条要求原债务人承担其应承担的份额。

## 案例七 连带共同保证人与债权人单独约定"脱保"有效吗?

张翼 [1]

### 案情回顾

2014 年 1 月,郭巴向南湖银行申请贷款 270 万元。西海合作社、唐果、东山公司作为保证人,为郭巴的这笔贷款向南湖银行提供了连带责任保证,并约定各保证人在履行保证责任后,可以向其他保证人追偿。

南湖银行向郭巴发放了 270 万元贷款后,郭巴没有按时还款,唐果、东山公司也没有按照约定承担连带还款责任。于是,西海合作社在南湖银行的要求下代替郭巴连本带息向南湖银行还款 285 万余元。

随后,西海合作社向法院提起诉讼,要求郭巴偿还这 285 万余元代偿款,并按照中国人民银行同期贷款利率赔偿资金占用的损失,同时要求唐果、东山公司对上述款项承担连带清偿责任。

一审法院经审理认为,根据《担保法》[2] 第十二条规定,同一债务有两个以上保证人的,已经承担保证责任的保证人,有权向债务人追偿,或者要求承担连带责任的其他保证人清偿其应当承担的份额。唐果、东山公司和西海合作社都是本案债务的连带保证人,三方没有约定分担比例,依法应当平均分担。因此,一审法院判令郭巴向西海合作社偿还代偿款 285 万余元及相应资金占用利息,并判令唐果、东山公司各自在郭巴不能清偿债务的 1/3 范围内对西海合作社承担清偿责任,唐果、东山公司承担清偿责任后有权向郭巴

---

① 北京市第二中级人民法院民三庭法官助理。

② 本案一审判决系于 2018 年依据《担保法》作出。《民法典》第一千二百六十条规定,本法自 2021 年 1 月 1 日起施行,《担保法》同时废止。

追偿。

唐果不服一审法院的判决，于是提起上诉。二审中，唐果向法院反映，其与南湖银行已达成了调解协议，约定唐果于 2016 年 3 月前作为保证人代郭巴偿还 10 万元后，唐果就本案所涉债务免除担保责任（以下简称脱保），唐果称自己已向南湖银行代偿了 10 万元，所以其应免予承担本案的保证责任。西海合作社辩称其对唐果和南湖银行之间的脱保协议并不知情。

二审法院经审理认为，南湖银行与唐果关于免除担保责任的约定可能损害其他保证人的利益，所以该约定对其他保证人生效的前提是，其他保证人都同意免除唐果的担保责任，或者南湖银行在要求其他保证人承担连带保证责任时，相应地将唐果所应分担的金额扣除在外。而事实上，南湖银行与唐果作出脱保约定时并没有取得西海合作社及东山公司的同意。南湖银行向西海合作社主张的债权数额为本息合计 285 万余元，也没有相应地扣除唐果所应分担的份额。所以唐果在对郭巴的债务承担 10 万元的连带清偿责任后，不能依据其与南湖银行的脱保协议免除其连带清偿责任。唐果虽然代替郭巴向南湖银行还款 10 万元，但因南湖银行并非本案当事人，本案中西海合作社代偿的 285 万余元，与唐果所代偿的 10 万元之间的关系，以及郭巴债务总额，在本案中尚未确认，且唐果在一审中并没有提及这 10 万元的事实，也没有提出相应的反诉，所以对唐果代偿的这 10 万元，本案不予处理。唐果可以就这 10 万元，通过另行起诉的方式进行追偿。综上所述，二审法院驳回了唐果的上诉请求。

根据以上的案情可知，本案二审争议的焦点是，唐果能不能依据其与南湖银行的脱保约定，在代郭巴向南湖银行偿还 10 万元后，免除自己的保证责任。

## 法理分析

我们认为，西海合作社作为保证人，替郭巴向南湖银行还清了贷款本金及利息，按照法律规定，西海合作社有权向主债务人郭巴追偿；而按照各保证人之间的约定，西海合作社对于郭巴不能偿还的部分，还有权要求唐果、东山公司按照一定的比例分担。但本案中，唐果却单独与南湖银行约定免除连带保证的责任，这一约定损害了西海合作社的利益，擅自处分了本应属于西海合作社的追偿权利，所以无效，唐果仍应向西海合作社承担相应份额的清偿责任。下文将分步骤详细解释这个结论。

首先，让我们了解一下为什么西海合作社有权向郭巴、唐果和东山公司追偿。《最高人民法院关于适用〈中华人民共和国民法典〉有关担保制度的解释》第十三条第一款规定："同一债务有两个以上第三人提供担保，担保人之间约定相互追偿及分担份额，承担了担保责任的担保人请求其他担保人按照约定分担份额的，人民法院应予支持；担保人之间约定承担连带共同担保，或者约定相互追偿但是未约定分担份额的，各担保人按照比例分担向债务人不能追偿的部分。"本案中的各位保证人已经明确约定相互之间可以追偿，此约定合法有效，西海合作社可以依据约定向其他保证人追偿。

其次，让我们明确西海合作社应该怎么去追偿。由于保证人是基于其代偿行为取得追偿权的，所以保证人追偿的范围也应受代偿行为的限制。我们认为，该范围应包括两部分：一是保证人代替主债务人向债权人清偿的债务；二是保证人履行保证责任所产生的必要费用，例如以代偿款作为基数，按照中国人民银行同期同类贷款利率 / 贷款市场报价利率① 所计算出来的相应利息。本案中，西海合作社以债务人郭巴和连带保证人唐果、东山公司作为共同被告，行使追偿权，根据《民法典》第七百条 "保证人承担保证责任后，除当事人另有约定外，有权在其承担保证责任的范围内向债务人追偿，享有债权人对债务人的权利，但是不得损害债权人的利益" 的规定，西海合作社有权要求主债务人郭巴承担清偿责任；依据各保证人之间的合同约定，西海合作社可要求唐果和东山公司按照比例清偿。由于三名保证人没有事先约定责任比例，基于公平原则以及《民法典》第五百一十九条第一款关于 "连带债务人之间的份额难以确定的，视为份额相同" 的规定，法院认定由

---

① 从 2019 年 8 月 20 日起，中国人民银行贷款基准利率这一标准变更为贷款市场报价利率。

西海合作社、唐果、东山公司三方，就郭巴不能偿还的部分，各承担 1/3 的责任。

最后，让我们看一看唐果与南湖银行作出的"脱保约定"是如何损害西海合作社上述追偿权利的。根据前述分析可知，西海合作社本来可以通过向唐果进行追偿，来减轻自己的损失。但是本案中，唐果与南湖银行私下约定，唐果向南湖银行给付 10 万元之后就能够免除担保责任。本案三名担保人原本约定了相互追偿的权利，目的就是分散担保风险，而脱保约定有损这一目的，既可能导致一部分担保人"遍体鳞伤"而其他担保人"毫发无损"的结果，还有可能引发某一担保人通过"贿赂"债权人，从而脱离担保责任的道德风险。因此，在未经其他担保人同意的情况下，唐果与南湖银行单独作出的脱保约定，对其他担保人无效。

## 💬 知识拓展

本案可以延伸出很多值得探讨的问题。

### （一）混合共同担保人能否互相追偿

实践中既存在本案这种共同保证人之间相互追偿的纠纷，也存在物的担保人（例如抵押人、质押人等）与保证人之间的相互追偿的纠纷。立法机关对担保人之间相互求偿权没有予以认可。全国人大法工委在其主编的《物权法释义》一书中给出了解释：一是在各担保人之间没有共同担保意思的情况下，相互求偿缺乏法理依据，也有违担保人为债务人提供担保的初衷。二是担保人相互求偿后，还可以向最终的责任人债务人求偿，程序上费时费力，不经济。三是每个担保人在设定担保时，都应该明白自己面临的风险，即在承担了担保责任后，只能向债务人追偿，如果债务人没有清偿能力，自己就会受到损失。为避免出现此种风险，担保人就应当慎重提供担保，或者对担保作出特别约定。四是如果允许担保人之间相互求偿，其份额如何确定，是一个相当复杂的计算题，可操作性不强。基于立法机关的以上考虑，《最高人民法院关于适用〈中华人民共和国民法典〉有关担保制度的解释》第十三条作出了前述规定。本案中三名保证人约定可以互相追偿，故法院支持了西海合作社向其他连带保证人追偿的诉讼请求。

（二）承担了担保责任的担保人能否取得代位权

所谓代位权，是指保证人在代为清偿债务后，在代偿的限度内依法取得债权人对债务人的债权及从属权利。[①] 保证人能不能取得代位权，直接决定着保证人能不能要求债务人、其他担保人承担原来的债权债务合同所约定的违约责任（诸如违约金、利息、罚息等）。《民法典》第七百条提出，保证人承担保证责任后，享有债权人对债务人的权利。《中华人民共和国民法典合同编理解与适用》对"享有债权人对债务人的权利"解释为保证人取得了"法定代位权"，这一权利的实质是债权的法定转移，目的是强化追偿权，是依据清偿代位而获得的。需注意的是，这一"法定代位权"还是应该以保证人"承担保证责任的范围"作为限制。[②]

（三）追偿顺序问题

在共同连带保证的情况下，已经承担保证责任的保证人是应该先向债务人追偿，在不能完全受偿的情况下才能向其他保证人追偿，还是可以跳过债务人直接向其他保证人追偿，司法实践中存在争议。一种观点是，承担保证责任的保证人，应该先向主债务人追偿，如果主债务人清偿不能，再由其他连带保证人在不能清偿的范围内偿付。这样有利于督促主债务人履行债务，防止任意选择被追偿人，使得主债务人逃避债务，损害保证人的利益。[③] 另一种观点认为，允许履约保证人直接向其他保证人追偿，有利于更好地保障

---

① 程啸：《混合共同担保中担保人的追偿权与代位权——对〈物权法〉第176条的理解》，载《政治与法律》2014年第6期。

② 最高人民法院民法典贯彻实施工作领导小组编：《中华人民共和国民法典合同编理解与适用（二）》，人民法院出版社2020年版，第1391页。

③ 浙江省慈溪市人民法院编：《精选案例评析》，中国检察出版社2009年版，第133页。

履约保证人的权益，使得已经承担了责任的保证人同时拥有对债务人和对其他保证人的追偿权。[①] 笔者认为，在保证人对此没有进行明确约定的情况下，应该先由债务人向保证人清偿，其余保证人对债务人不能清偿部分承担责任。因为连带债务可以被划分为真正连带债务和不真正连带债务。前者是指各债务人均属于同一层次，并无履约的先后顺序之分，而是所有的债务人都应该承担一定份额的给付义务。后者是指各债务人并非同一层次，各债务人有履约先后顺序之分，部分债务人在承担清偿责任后，有权向终局债务人追偿。[②] 在连带保证中，显然主债务人才是终局责任承担者，其他连带保证人仅承担补充清偿责任，在清偿后可以向主债务人追偿。目前，法律规定需要各担保人明确约定可以相互追偿，或者明确约定为连带共同担保，担保人之间才能互相追偿，举重明轻，能否追偿尚且需要有约定，追偿顺序也应该以约定为前提。也就是说，如果担保人之间没有相互约定可以跳过债务人直接向担保人追偿，那么还是应该先由债务人承担第一位的清偿责任。具体到本案，西海合作社以主债务人、保证人同时作为被告，这并无不可，只不过在最终的判决结果中须体现出债务的层次性，强调先由债务人郭巴向西海合作社清偿，对于郭巴不能清偿的部分，由其他保证人按比例清偿。

## （四）脱保约定对履约保证人产生效力的条件

其实保证人与债权人之间的脱保约定也不是一定无效，笔者认为两种情况下可以有效：一种情况是债权人在相应范围内放弃对其他连带共同保证人求偿，也就是说债权人同意，以脱保人在担保人内部所应分担的责任份额为标准，免除其余保证人的责任，这就相当于由债权人把脱保人原应承担的责任份额给承接过去，债权人无法再就这部分向其他担保人主张权利，只能向债务人主张权利；第二种情况是其他保证人也同意该脱保约定。

---

① 孙鹏主编：《最高人民法院担保法司法解释精释精解》，中国法制出版社 2016 年版，第 115—116 页。

② 张定军：《论不真正连带债务》，载《中外法学》2010 年第 4 期。

## 普法提示

　　实践中常常出现共同担保人相互追偿的情况，本案探讨的是在此过程中，一名担保人单独与债权人约定免除担保责任，这种约定是否有效的问题。解答这个问题，有助于我们理解共同担保人行使追偿权的依据及方法，从而帮助担保人更好地维护自身合法权益。

　　民商事活动中担保行为时有发生，在为他人的债务提供担保时，需要注意两点：一是当同一债务之上存在多个担保时，各个担保人之间可以书面约定相互追偿的权利，或者约定为连带共同担保，或者在同一份担保合同中共同签字，这样做有利于为履行了债务的担保人提供双重保障，使其除了可以向债务人追偿外，还可以通过向其他担保人追偿来挽回损失。二是担保人不要试图通过与债权人私下约定"脱保"以逃避担保责任，这样做可能不仅得不到法律的支持，还可能会扩大自己因迟延履行债务所产生的利息、诉讼费等各项损失。

案例八 | # 保证人受让债权后，能否向其他保证人"要钱"？

—— 基于债权受让权还是担保追偿权的性质认定

罗珊[①]　　任永军[②]

## 案情回顾

### （一）邻居碍于情面"签字画押"

看到当地特产"五月仙桃"市场畅销、供不应求，李大双、李小双兄弟二人决定"大干一把"，又承包了 10 亩土地来扩大桃树的种植面积。但扩大种植面积，需要前期投入大量的启动资金，这让兄弟二人犯了愁。为了筹到钱，兄弟二人找到了当地的小微担保公司。小微担保公司的业务员介绍，他们可以帮助李大双、李小双兄弟二人向银行贷出钱来，但还需要兄弟二人再找一个"保人"才行。

于是，兄弟二人找到邻居小何，陈述只是让小何帮忙签个字而已，还说来年肯定挣钱，到时候亏不了小何的，小何碍于情面答应帮忙签字。在兄弟二人向小微担保公司缴纳了 1.5 万元"服务费"之后，按照小微担保公司的安排，李大双、李小双、小何随同小微担保公司业务员一同前往当地的银行办理贷款。李大双、李小双二人按照贷款金额 30 万元、年利率 7.6% 和银行签署了《贷款合同》。在《贷款合同》的最后一页，写明了"若到期借款人未能全额偿还本合同约定的本息，则至贷款逾期第 70 天起我行将本合同项下所有债权（主债权及相关质押权、保证债权等全部从权利）转让至小微担保公司名下。借款人及担保人已知悉若自贷款逾期 70 天仍未向我行还清本

---

① 北京市第二中级人民法院民三庭法官。
② 北京市第二中级人民法院民三庭法官助理。

息的,则应向小微担保公司履行合同项下全部义务。"李大双、李小双、小何均在该条款后签字和按捺手印。

之后,小微担保公司和邻居小何作为保证人,均在《贷款合同》的"保证人"处盖章、签字和按捺手印,均承诺为这笔贷款本息的到期偿还,提供全部的连带责任保证担保。

### (二)债务人"跑路","保人"被要求还钱

几天后,银行将30万元贷款打到了兄弟二人指定的账户,二人将贷款全部用于购买桃树苗、化肥等扩大种植上。不料第二年上半年,出现了多年不遇的持续高温干旱,当地经济林因干旱缺水大面积死亡,其中就包括兄弟二人贷款种下的桃树林。

贷款到期后,兄弟二人无力偿还贷款。银行根据《贷款合同》的约定,在兄弟二人逾期还款70天后,与小微担保公司达成了《债权转让合同》。在小微担保公司支付了31.8万元的钱款后,银行将《贷款合同》的债权转让至小微担保公司名下,并电话通知了李大双、李小双、小何3人。后来小微担保公司在要求李大双、李小双、小何3人偿还债务未果的情况下,将其3人起诉至法院,要求判令李大双、李小双偿还31.8万元的贷款本息,要求小何对李大双、李小双的全部债务承担连带清偿责任。

被告李大双、李小双未出庭应诉。被告小何到庭答辩称,李大双、李小双的债务和自己没什么关系,当时是出于好意,仅仅是帮李大双、李小双在银行签了个字而已,而且30万元贷款自己一分钱也没有拿,让自己偿还不公平。同时,就算要还钱,小微担保公司也应该承担一部分还款责任,因为小微担保公司与小何同为保证人,都应该对债务的偿还承担连带责任。

### (三)法院依据当时的法律规定判决"保人"全部"还钱"

一审法院认为,无论是《贷款合同》还是《债权转让合同》均属有效,李大双、李小双应当偿还债务,保证人小何应当对债务承担连带清偿责任。

原告小微担保公司成为新的债权人，有权向债务人和保证人主张权利。但鉴于小微担保公司与小何同为《贷款合同》项下的保证人，都负有担保全部债权实现的义务。小微担保公司既是保证人也是债权受让人，如基于债权受让人的地位，向其余保证人主张连带责任保证责任，反而加重了其余保证人的负担且显失公平，因此，应由各保证人平均分担。所以判决，李大双、李小双应当偿还小微担保公司 31.8 万元贷款本息，小何在李大双、李小双不能偿还债务的 1/2 围内，对小微担保公司承担清偿责任。

原审法院判决后，小微担保公司不服提出上诉，称小微担保公司有权以债权受让人的身份，而不是替债务人还钱后的保证人身份向债务人和其他保证人主张权利。小微担保公司根本没有作为保证人对李大双、李小双进行担保代偿行为，而是作为新的出借人，继受了原来《贷款合同》项下所有的权利，小微担保公司完全有权利要求保证人小何对李大双、李小双的贷款还款承担全部担保责任，而不是 1/2。

二审法院经审理后认为，《贷款合同》已经明确载明，不管是借款人，还是保证人都已清楚了解，若自贷款逾期 70 天仍未向银行还清本息的，则应向小微担保公司履行合同项下的全部义务，因此，小微担保公司作为债权受让人，要求连带责任保证人小何对李大双、李小双的债务承担连带责任保证，符合法律规定和合同约定，应当予以支持。小微担保公司虽然也是银行与李大双、李小双所签订《贷款合同》的连带责任保证人，但是小微担保公司在本案中并不是行使保证人的追偿权，二审法院改判小何对李大双、李小双的债务承担全部连带清偿责任。

那么，小微担保公司要求小何对李大双、李小双的债务承担连带清偿责任，是基于《债权转让合同》项下的债权受让权，还是基于《贷款合同》项下保证人的追偿权呢？

## ⚖ 法理分析

（一）小何在《贷款合同》的保证人处签名、按捺手印的法律后果

保证一般是指保证人和债权人达成的明确的相互权利义务关系，当债务人不履行债务时，保证人按照约定履行债务或承担责任的行为。

保证合同主要包括以下几种形式：一是在主债权合同之外签订的单独的书面保证合同；二是在主合同中约定有专门的保证条款；三是在主合同中虽然没有保证条款，但保证人在主合同上以保证人身份签字或者盖章；四是保证人在主合同之外单方向债权人出具担保书，债权人接受并且未提出异议；五是公民间的口头保证，有两个以上无利害关系人证明的，也视为保证合同成立。

保证责任方式的承担分为一般保证和连带责任保证。一般保证是在仅债务人不能履行债务时，才由保证人承担保证责任。而连带责任保证，不管债务人能不能履行债务，债权人既可以要求债务人履行债务，也可以要求保证人在其保证范围内承担保证责任。

本案中，小微担保公司和邻居小何分别在《贷款合同》的保证人处盖章、签字和按捺手印，并且均承诺了为该笔贷款本息到期偿还，提供全部连带责任保证担保，保证方式均为连带责任保证。

（二）小微担保公司"受让"债权向银行偿付相关款项的法律后果

债权转让一般是指原债权人将债权的一部分或全部出让给他人，在他人接受债权转让后，导致债务人向接受权利的新债权人履行还款义务。债权转让成立，原债权债务人的权利义务关系解除，而受让人作为新债权人与原债务人的权利义务关系成立并生效，债务人对受让人履行债务。担保人受让债权的法律效力，在民法典前后明显发生变化。民法典实施前，司法实务当中

担保人受让债权后可以要求其他担保人履行全部担保义务，本案二审亦因此改判。民法典实施后担保人受让债权属于承担担保责任。本案中，《贷款合同》虽然写明"若到期借款人未能全额偿还本合同约定的本息，则至贷款逾期第 70 天起我行将本合同项下所有债权（主债权及相关质押权、保证债权等全部从权利）转让至小微担保公司名下。借款人及担保人已知悉若自贷款逾期 70 天仍未向我行还清本息的，则应向小微担保公司履行合同项下全部义务"，但是小微担保公司作为保证人，其受让债权与其他非担保人的第三人受让债权的法律效力并不相同。《最高人民法院关于适用〈中华人民共和国民法典〉有关担保制度的解释》第十四条规定，同一债务有两个以上第三人提供担保，担保人受让债权的，人民法院应当认定该行为系承担担保责任。因此，虽然《贷款合同》写明了小微担保公司偿还款项是基于债权转让的性质，小微担保公司之后也与银行签订了《债权转让合同》，但是基于新的法律规定，小微担保公司此种行为，依然是履行保证人的保证责任，并非受让银行债权性质。

（三）小微担保公司是否还可以要求小何继续承担保证责任

由于小微担保公司"受让"债权向银行偿付了相关款项的行为，是履行保证人的保证责任，并非银行债权受让的性质，所以小微担保公司在履行保证责任后，基于担保追偿权有权向债务人追偿，也可以要求承担连带责任的其他担保人清偿其应当承担的份额。本案中，小微担保公司和邻居小何作为保证人，均在同一份《贷款合同》的"保证人"处盖章、签字和按捺手印，均承诺为这笔贷款本息的到期偿还，提供全部的连带责任保证担保，都负有担保全部债权实现的义务。无论是依据原《担保法》及其司法解释，还是新的法律规定，均明确了同一债务上有两个以上连带共同担保人的，承担了担保责任的担保人是可以要求其他担保人承担担保责任的。所以，小微担保公司仍然可以要求保证人小何继续承担保证责任。

（四）小何承担保证责任的范围的界定

《最高人民法院关于适用〈中华人民共和国民法典〉有关担保制度的解释》第十三条规定，同一债务有两个以上第三人提供担保，担保人之间约定相互追偿及分担份额，承担了担保责任的担保人请求其他担保人按照约定分担份额的，人民法院应予支持；担保人之间约定承担连带共同担保，或者约定相互追偿但是未约定分担份额的，各担保人按照比例分担向债务人不能追偿的部分。所以，小微担保公司可以要求保证人小何在债务人李大双、李小双不能偿还债务的1/2范围内承担清偿责任，本案一审判决结果与新的法律规定相一致。

💬 知识拓展

（一）保证人不能成为债权受让人的原因

如不存在其他无效事由或特别约定，债权转让成立后，债权受让人将代替原债权人，取得与债权有关的从权利，但该从权利专属于债权人自身的除外，债务人和保证人均须对新的债权人履行各自义务，原来的债权人与债务人之间、债权人与保证人之间的权利义务关系随之解除。本案中，小微担保公司主张正是基于和银行之间的《债权转让合同》受让了债权，代替银行成了李大双、李小双新的债权人，同时取得了要求保证人小何承担保证责任的从权利，所以可以要求小何按照合同约定承担全部的担保责任。

如若担保人可以受让债权，那么该担保人将同时具有新债权人、原担保人的双重身份，债权和债务归于同一人，但因涉及其他担保人的利益，所以受让债权的担保人相对于其他担保人而言，其按照份额向自己承担责任的义务并未消灭，若认定受让债权的担保人对自己承担担保责任的义务消灭，则增加了其他担保人的责任负担，显失公平。故其不能按照新债权人的权利范围向其他担保人全额求偿，而应是按照担保人代偿的权利范围向各担保人在应分担的份额内求偿。

（二）两个保证人就同一债务分别保证的情况中，如何承担保证责任

本案中，如果小微担保公司与小何不知道彼此均为保证人，或没有基于共同的意思表示对李大双、李小双的债务承担连带共同保证，没有约定可以相互之间追偿，也未在同一份《贷款合同》上以保证人的身份署名，即仅仅是小微担保公司和小何分别向银行出具了类似的承诺对李大双、李小双的债务偿还承担全部保证责任的担保书。在此情况下，如果银行仅仅要求小微担保公司作为保证人承担保证责任，那么在小微担保公司承担保证责任后，其不能向另一个保证人小何进行追偿，只能向债务的最终承担者，即向李大双、李小双主张权利。

《民法典》第三百九十二条规定了第三人提供物的担保的，债权人可以就物的担保实现债权，也可以请求保证人承担保证责任。也就是说，债权人有权仅要求数个保证人中的任何一人，要求其全额承担责任。《最高人民法院关于适用〈中华人民共和国民法典〉有关担保制度的解释》第十三条进一步明确规定，除非担保人之间明确约定或基于共同的意思表示可以相互追偿及分担份额，或承担连带共同担保，否则承担了担保责任的担保人不能主张要求其他担保人分担向债务人不能追偿的部分[1]。

其实，对于担保人之间可否相互追偿的问题，长期以来存在较大的争议。原《担保法》和原《担保法解释》，均肯定了承担连带责任的担保人，除了

---

[1] 《最高人民法院关于适用〈中华人民共和国民法典〉有关担保制度的解释》第十三条规定，同一债务有两个以上第三人提供担保，担保人之间约定相互追偿及分担份额，承担了担保责任的担保人请求其他担保人按照约定分担份额的，人民法院应予支持；担保人之间约定承担连带共同担保，或者约定相互追偿但是未约定分担份额的，各担保人按照比例分担向债务人不能追偿的部分。同一债务有两个以上第三人提供担保，担保人之间未对相互追偿作出约定且未约定承担连带共同担保，但是各担保人在同一份合同书上签字、盖章或者按指印，承担了担保责任的担保人请求其他担保人按照比例分担向债务人不能追偿部分的，人民法院应予支持。除前两款规定的情形外，承担了担保责任的担保人请求其他担保人分担向债务人不能追偿部分的，人民法院不予支持。

向债务人追偿外也可以相互追偿。但 2007 年 10 月 1 日生效的《物权法》第一百七十六条却规定，被担保的债权既有物的担保又有人的担保的，债务人不履行到期债务或者发生当事人约定的实现担保物权的情形，债权人应当按照约定实现债权；没有约定或者约定不明确，债务人自己提供物的担保的，债权人应当先就该物的担保实现债权；第三人提供物的担保的，债权人可以就物的担保实现债权，也可以要求保证人承担保证责任。提供担保的第三人承担担保责任后，有权向债务人追偿。即没有对各担保人之间，包括物上担保人之间、共同保证人之间、物上担保人与保证人之间，是否可以相互追偿进行规定，仅仅规定了各担保人可以向债务人追偿。

全国人大法工委主编的《物权法释义》一书认为，担保人之间不能相互追偿，主要理由有以下四点：一是在各担保人之间没有共同担保意思的前提下，相互求偿缺乏法理依据，也有违担保人为债务人提供担保的初衷。二是担保人相互求偿后，还可以向最终的责任人债务人求偿，程序上费时费力，不经济。三是每个担保人在设定担保时，都应该明白自己面临的风险，即在承担担保责任后，只能向债务人追偿，如果债务人没有清偿能力，自己就会受到损失。为避免出现此种风险，担保人就应当慎重提供担保，或者对担保作出特别约定。四是如果允许担保人之间相互求偿，其份额如何确定，是一个相当复杂的计算题，可操作性不强①。

所以，无论是《民法典》和原《物权法》的相关规定，还是最高人民法院发布的《九民会议纪要》②和《最高人民法院关于适用〈中华人民共和国民法典〉有关担保制度的解释》的精神，均认为，一般情况下共同保证人之间、

---

① 参见最高人民法院民事审判第二庭编著：《〈全国法院民商事审判工作会议纪要〉理解与适用》，人民法院出版社 2019 年版，第 352 页。

② 《全国法院民商事审判工作会议纪要》第五十六条规定，被担保的债权既有保证又有第三人提供的物的担保的，原《担保法解释》第三十八条明确规定，承担了担保责任的担保人可以要求其他担保人清偿其应当分担的份额。但原《物权法》第一百七十六条并未作出类似规定，根据原《物权法》第一百七十八条关于"担保法与本法的规定不一致的，适用本法"的规定，承担了担保责任的担保人向其他担保人追偿的，人民法院不予支持，但担保人在担保合同中约定可以相互追偿的除外。

共同抵押人之间、混合担保的各担保人之间，是不能相互追偿的。

## 普法提示

（一）借钱之前，一定要考虑到自己的偿还能力

合同一旦生效，就会对签订合同的当事人之间产生一定的权利义务关系，并产生预期的法律后果。本案中，李大双、李小双与银行之间签订了《贷款合同》，银行已经按照约定履行了自己的义务，及时向李大双、李小双发放了30万元的贷款，李大双、李小双也应当按照合同约定，负有到期还本付息的义务。如果债务人在债务到期后，确实没有能力还款，也需要积极和债权人协商还款事宜，争取降低利息或以分期给付的方式来还款。我国《民法典》第五百七十七条规定，当事人一方不履行合同义务或者履行合同义务不符合约定的，应当承担继续履行、采取补救措施或者赔偿损失等违约责任。

对于始终未能偿付欠款的，债权人有权向法院起诉，若法院最终判决要求债务人偿付债务，债权人可以申请强制执行，法院可以依法扣押、冻结、划拨、变价、拍卖、变卖债务人的财产，包括工资等收入所得可以直接被扣留、提取，仅剩余债务人的生活必需费用。同时，债务人有可能还会被列入失信被执行人名单，限制乘坐高铁、飞机等高消费行为。对于恶意转移、隐匿财产的，有偿付能力但拒不执行的，还要负刑事责任，且即使承担了刑事责任，债务也是不能被免除的。

所以在借钱之前，一定要考虑到自己的偿还能力，否则是要承担法律责任的。

（二）签字或按捺手印可不能随便，要想清楚法律后果

根据《民法典》的相关规定，当事人有相应的民事权利能力和民事行为能力，依法享有自愿订立合同的权利，合同内容不违反法律规定，不存在法

律规定的合同无效的情形，合同即是合法有效的。签字或按捺手印是当事人意思表示的一种表达形式。一旦签了字或按捺手印，如没有其他合同无效事由，就会产生法律约束力，就必须严格按照合同的内容来履行义务。因此，签字或按捺手印是一项事关合同效力和当事人法律责任的重要行为，应当引起高度重视。

一个有相应的民事行为能力人，在签订合同时一定要对合同内容进行审核，在自身充分清楚、了解合同内容的前提下再签字或按捺手印。司法实践中，经常出现当事人碍于情面违背个人意愿的"帮忙"签字，或者不看具体内容在空白合同或纸张上签字等，殊不知这样的行为均会给自己带来不必要的法律风险。所以，签字或按捺手印之前，一定要看清楚合同内容，想清楚法律后果，该拒绝时果断拒绝，否则日后想证明非本人真实意愿，在举证上十分困难，也难获法院支持。

（三）保证人要注意保证责任方式是"一般"还是"连带"

保证分为一般保证和连带责任保证，属于何种保证还得看当事人的约定，当事人如果没有明确约定或者约定不明确的，原《担保法》视为连带责任保证，而《民法典》则规定为一般保证。保证方式的不同，对当事人责任承担方式有直接影响，责任轻重显著不同。一般保证的保证人享有先诉抗辩权，在主合同纠纷未经审判或者仲裁前，并就债务人的财产依法强制执行仍不能履行债务前，对债权人可以拒绝承担保证责任。连带责任保证的保证人不享有先诉抗辩权，债权人可以要求债务人履行债务，也可以要求保证人在其保证范围内承担保证责任。

在民间借贷中，保证人很多情况下是基于与债务人之间的亲戚或朋友关系，才出面签字作为保证人。即便如此，也不可在对保证责任不懂得、不留心、不在意的情况下就签字。为了减轻自身责任，可以在保证合同条款中明确注明，自己仅承担一般保证责任，最好连保证期间也一并明确，这样就能实现保证人仅在约定期限内，在债务人不能履行债务时自己才承担保证责任。同时，为避免其他保证人受让债权后，要求自己承担全部保证责任的风险，可以在保证合同中明确约定，不管是哪一个保证人承担保证责任或受让主债权后，原所有的保证人之间均可以相互追偿，同时亦可明确约定相互追偿的份额等，如约定按保证人的个数承担相应比例的份额，最大限度地减轻自身的责任承担。

需要注意的是，《民法典》第三百八十六条对原《担保法》第十九条规定进行了颠覆性修改，即当事人在保证合同中对保证方式没有约定或者约定不明确的，按照一般保证承担保证责任，而不是之前的连带责任保证承担保证责任。

## 案例九 | 银行怠于办理商品房抵押登记，开发商要为按揭贷款承担阶段性保证责任吗？

邢军① 张翼②

### 案情回顾

2015 年 1 月 27 日，银行与李飞刀、开发商签订《个人购房借款 / 担保合同》，约定：李飞刀从银行贷款 637 万元，用来购买开发商预售的商品房。李飞刀用购买的这套商品房为贷款提供抵押。开发商为李飞刀的贷款提供阶段性的连带保证，"保证期间"从发放贷款之日起到房产办妥抵押登记之日止。银行和开发商还约定，从开发商向银行转交李飞刀的房屋所有权证（以下简称"房本"）之日起，银行要在 30 个工作日内完成抵押登记。

合同签订后，银行于 2015 年 2 月 4 日向李飞刀发放贷款。李飞刀在 2016 年 9 月 21 日取得"房本"。开发商在 2016 年 11 月 7 日将"房本"交给银行。李飞刀从 2016 年 12 月 4 日开始逾期还款。李飞刀所购买的这套房屋在 2017 年 1 月 6 日被公安机关查封，导致银行无法办理抵押登记。

于是，银行起诉要求李飞刀还款，并要求开发商承担保证责任。

一审法院经审理认为，李飞刀从 2016 年 12 月 4 日起开始出现逾期还款情形，这时银行还没有办妥房屋抵押登记，所以开发商应当依照合同约定承担连带保证责任。一审法院判决支持了银行的前述诉讼请求。

开发商不服一审法院的判决并提起了上诉，主张自己已经按照约定及时将李飞刀的"房本"交给了银行，银行没有及时办理抵押登记，导致房屋被查封，开发商不应承担保证责任。银行则辩称，是因为李飞刀拒不配合，才

---

① 北京市第二中级人民法院民三庭法官。

② 北京市第二中级人民法院民三庭法官助理。

导致抵押登记未能办理，银行不存在过错，开发商应承担保证责任。

二审法院经审理认为，银行没有证明自己已在约定的时间内，积极敦促李飞刀配合办理抵押登记，也没有证明未及时办理抵押登记是由于他人的过错所导致的。现在开发商已经按照约定把"房本"转交给银行，开发商在这个过程中并没有过错，应视为开发商的保证责任的免除条件已经达成。所以二审法院改判免除了开发商的保证责任。

本案的争议焦点是，在银行没能成功办理房屋抵押登记的情况下，开发商该不该承担阶段性保证责任。

## ⚖ 法理分析

我们认为，银行与开发商约定，从发放贷款之日起至房产办妥抵押登记之日止，由开发商对购房者的贷款承担连带保证责任，这实际上是一种附解除条件的保证合同。如果开发商已经按时将购房者的"房本"交给了银行，而银行怠于办理抵押登记，导致抵押权未有效设立，应视为解除保证合同的条件已经达成，开发商不需要再向银行承担保证责任。下文将分步骤详细解释这个结论。

（一）银行与开发商之间的"阶段性保证"合同，是一种附解除条件的保证合同

实践中，开发商提供阶段性保证的流程大致是，开发商与银行签订合作协议，约定融资方式、保证方式等；购房者与开发商签订预售商品房买卖合同，购房者缴纳首付款；购房者向银行申请贷款，并与银行签订房屋抵押合同；银行将购房人的贷款划入开发商账户；商品房竣工交房，开发商为购房者办理以购房者为产权人的房屋所有权证；开发商将房屋所有权证交给银行，办理房屋抵押登记。

这一过程中涉及三方法律关系，包括银行与购房人之间的借贷、抵押关系，银行与开发商之间的保证关系，开发商与购房人之间的房屋买卖关系。

因为银行在向购房者发放贷款时，商品房还没建成，银行无法就房屋办理抵押登记，根据原《物权法》的相关规定，此时银行的抵押权还没有设立，银行为了规避风险，于是与开发商约定，在完成抵押登记前，由开发商提供保证担保。在这个过程中，银行的目的是解决"敞口期"风险问题，开发商的目的是尽快促成房屋买卖交易以获取售房款，购房者的目的是提供增信措施顺利通过贷款审批。这一做法也有利于促使开发商积极完成房屋建设，积极办理产权登记手续。

当银行办妥抵押登记后，贷款的"风险敞口"也就消失了，开发商也就没有必要再继续为贷款提供担保了。所以银行与开发商就约定，在办妥房屋抵押登记后，开发商免除担保责任。这一约定实际就是为保证合同附上解除条件。所谓"附解除条件"，就是当事人在合同中约定解除合同的条件，当条件成就时，合同自动解除。《民法典》第一百五十八条规定：民事法律行为可以附条件，但是根据其性质不得附条件的除外。附生效条件的民事法律行为，自条件成就时生效。附解除条件的民事法律行为，自条件成就时失效。本案中，开发商与银行之间所签订的保证合同的解除条件，就是"办妥以银行为抵押权人的房屋抵押登记"。

（二）本案中，解除保证合同的条件是否达成

按照保证合同约定，要实现免除开发商保证责任的效果，需要满足"办妥以银行为抵押权人的房屋抵押登记"这一条件，但现实情况比这要复杂。

《民法典》第一百五十九条规定："附条件的民事法律行为，当事人为自己的利益不正当地阻止条件成就的，视为条件已经成就；不正当地促成条件成就的，视为条件不成就。"及时办理抵押登记，既是银行的权利，也是银行的义务。如果银行怠于办理抵押登记，将使开发商长期处于承担保证责任的风险之中，开发商的利益将受到损害。如果允许银行滥用自身权利，放任开发商的利益受损，银行自身却丝毫不受影响，有违公平原则。

本案中，银行在2016年11月7日就取得了购房人的"房本"，却一直没有办理抵押登记，购房人从2016年12月初开始出现逾期还款，2017年

1月涉案房屋因购房人的其他债务而被法院查封，这导致银行无法完成抵押登记；但在这个过程中，开发商已按时履行了交房、办理购房人的"房本"、将"房本"交给银行等义务，开发商并不存在过错。相反，银行在取得"房本"后迟迟未办妥抵押登记，特别是在购房人已经逾期还款的情况下，仍然没有尽快完成抵押登记，存在怠于登记的嫌疑。此时，银行如果想依据合同约定让开发商承担保证责任，需首先证明未完成抵押登记是外因所致，自己对此不存在过错，例如银行要证明自己已积极催告购房人配合抵押登记，已及时向不动产登记机关提交登记材料，或者证明购房人不配合登记、不动产登记机关怠于履行登记职责等。本案中，因银行没有完成上述举证，所以法院最终认定，本案解除保证合同的条件已达成，开发商无须再承担保证责任。

### 💬 知识拓展

本案还有一些问题值得进一步探讨。

（一）"附解除条件"与"保证期间"的区别

在阶段性保证责任条款中，当事人常常使用"保证期间""保证期限""担保阶段"等表述。例如"保证期限为自贷款发放之日起至办妥借款人所购房产的正式抵押登记手续之日止""担保阶段为自借款合同生效之日起至开发商为购房人办妥所购住房房屋所有权证，并办妥房屋抵押登记和其他相关手续，将房屋他项权证等权属证明文件交银行收妥保管之日止""保证期间内，银行自取得借款人贷款所购房屋的《房屋他项权利证》之日起，开发商对该借款人向银行借款所产生的债务的保证责任解除"等。

上述条款中所提及的"保证期间"与法律意义上的"保证期间"不是同一概念。担保法意义上的保证期间，是指当事人约定的或者法律规定的，保证人承担保证责任的期限。超出这个期限，保证人免除保证责任。《民法典》第六百九十二条规定："保证期间是确定保证人承担保证责任的期间，不发生中止、中断和延长。债权人与保证人可以约定保证期间，但是约定的保证期间早于主债务履行期限或者与主债务履行期限同时届满的，视为没有约定；没有约定或者约定不明确的，保证期间为主债务履行期限届满之日起六个月。债权人与债务人对主债务履行期限没有约定或者约定不明确的，保证期间自债权人请求债务人履行债务的宽限期届满之日起计算。"可见，保证期间往往由当事人约定，或者由法律规定，它可能是六个月，可能是两年、三年，总之是一段相对较为明确的期限。

附解除条件的合同，则是指发生某种客观事实时，保证合同自动解除，保证人免除保证责任。与保证期间相比，"解除条件"具备不确定性，一方面是不确定条件是否达成，另一方面是即使能够达成，达成的时间也不确定。以本案为例，房屋抵押登记能不能办下来，何时办下来，是不确定的。

之所以要作出上述区分，是因为将"阶段性保证"放在不同概念之下，将导致完全不同的法律后果。如果"阶段性保证"是对"保证期间"的约定，那根据《民法典》第六百九十二条的规定，当事人对保证的阶段性约定无效，银行仍可以在主债务履行期届满之日起六个月内要求开发商承担责任。如果"阶段性保证"是附解除条件的约定，那么这个约定有效，在银行成功办理房屋抵押登记后，开发商免除保证责任。

（二）办理抵押的合理期限

本案中，银行自 2016 年 11 月 7 日收到借款人的房屋所有权证书，至 2017 年 1 月涉案房屋因购房人的其他债务而被法院查封，在约两个月的时间里，并未完成抵押登记，而合同约定的登记期限为 30 个工作日。实践中，当事人一般会在合同中约定银行办理抵押登记的期限，此期限少则一个月，多则三个月。此期限是判断银行是否怠于履行登记责任的一个重要参考指标，把握期限的长短至关重要。我们认为，如果当事人对期限有约定的，应依照约定处理；如果当事人对期限没有约定，或者约定不明的，考虑到银行受理的按揭贷款业务往往涉及整个房产项目，银行办理抵押也往往是成批办理，准备登记材料耗时较多，为了平衡各方利益，该期限一般定为三个月为宜①。期限应该从银行收到购房人"房本"之日起算,到银行向不动产登记机关提交抵押登记材料之日结束。此外,笔者认为,约定的期限还没届满,但贷款人在这期间已经出现逾期还款情形的,此期限可以适当提前。对办理抵押的合理期限作出判断,意味着超出此期限未完成抵押登记,则可以初步推定银行存在怠于办理登记的情形,此时举证责任转移给银行,银行需要提供证据,证明自己已积极履行登记义务,因他人原因导致登记未及时完成。银行完成举证,才能继续要求开发商承担保证责任。

（三）在银行与开发商都没有过错的情况下,因债务人原因导致房屋抵押登记未及时办理,开发商是否要承担保证责任

首先,如果合同对此存在约定,则应依据约定处理。其次,在合同对此并无约定的场合,由谁来承担责任,在实践中存在不同观点,一种观点认为应由开发商承担该风险,因为阶段性保证制度设立的初衷就是要解决银行"风险敞口",避免无增信措施的空档期;且合同已约定开发商在抵押登记办妥之前承担保证责任,所以将风险分配给开发商,既符合制度初衷,也符合合同约定②。另一种观点认为,应该由银行自行承担风险,因为开发商在此过程中并不存在过错,由开发商承担风险显失公平,且参照适用《最高人民法院关于人民法院办理执行异议和复议案件若干问题的规定》第三十条规定,若被查封的房屋办理了抵押权预告登记,权利人提出停止执行的,或在已经满足登记条件下提出排除执行异议的,人民法院应予支持。银行既然可以通过办理预告抵押登记来规避风险,则将风险分配给银行更为合适。③ 笔者认为,《最高人民法院关于人民法院办理执行异议和复议案件若干问题的规定》第三十条规定"金钱债权执行中,对被查封的办理了受让物权预告登记的不动产,受让人提出停止处分异议的,人民法院应予支持;符合物权登记条件,

---

① 韩耀斌:《开发商阶段性连带保证责任的认定》,载《人民法院报》2018年12月20日第7版。
② 同上。
③ 雷蕾:《开发商阶段性担保责任之救济途径》,载《法治博览》2019年第3期。

受让人提出排除执行异议的，应予支持"。此条针对的是房屋买卖预告登记，而非抵押权预告登记。如果银行仅办理了抵押权预告登记，还没办理抵押登记，那银行还没取得抵押权，银行的权利并不具有阻却人民法院强制执行的效力。[①] 所以在银行、开发商均无过错，银行又无法通过抵押权预告登记保障自身权益的情况下，最好的办法是回归合同本意，探寻"阶段性担保"这一约定的设立初衷，寻找合适的处理途径。因此，笔者同意上述第一种观点。

### （四）开发商能否解除房屋买卖合同、收回房屋

当事人解除合同的方式有约定解除和法定解除两种，约定解除是指当事人在合同中约定一定事由发生时，一方或双方享有解除合同的权利。法定解除是指法律在一定情况下赋予当事人解除合同的权利，《民法典》第五百六十三条就规定了解除合同的法定事由。不论是约定解除还是法定解除，都需要拥有解除权的一方当事人向对方发出解除合同的通知，合同才能得到解除。

实践中，开发商与购房者可能在合同中约定，如果购房人"断供"且开发商承担了保证责任，则开发商享有单方解除《商品房预售合同／房屋买卖合同》的权利。据此，开发商在承担了保证责任后，可能以解除合同、收回房屋的方式来救济自身权利。对开发商的解除权如何认定，司法实务存在不同的观点。一种观点认为，《民法典》第五百六十二条规定"当事人协商一致，可以解除合同。当事人可以约定一方解除合同的事由。解除合同的事由发生时，解除权人可以解除合同"。因此，开发商可以依据约定或协商一致解除合同。另一种观点认为，若单纯依据合同约定或协商一致，来承认开发商的解除权，则可能损害其他权利人的利益，故需要符合法定情形，才能解除合同。

笔者认为，判断开发商的解除权时需要考虑不同的时间段。

在购房人还未取得房屋所有权登记证书的阶段，房屋或者只完成了初始登记（即登记在开发商名下），或者连初始登记都没完成。由于开发商主

---

① 详见最高人民法院（2019）最高法民申 1049 号案，裁判日期：2019 年 4 月 18 日。

张解除合同的主要情形是，购房人"断供"导致开发商向银行承担了保证责任，而发生"断供"的购房人往往已经是债务缠身，此时购房人的其他债权人极有可能已经向法院申请预查封/查封该房屋，如果允许开发商仅依据合同约定或协商一致解除合同，可能会出现购房人与开发商串通损害他人的权利的情形。所以在这个阶段，应判断开发商是否可以行使法定解除权来解除合同。具体而言，由于购房人并未办理房屋所有权登记，依据《民法典》第二百零九条的规定，此时购房人尚未取得房屋所有权，购房人若未按约定向贷款银行偿还借款本金及利息，开发商作为保证人对上述债务承担了连带清偿责任后，其签订商品房买卖合同的目的已不能实现，依据《民法典》第五百六十三条第四项规定，开发商可以解除合同。[①]

在购房人已经取得房屋所有权登记证书（即通过转移登记，将所有权自开发商转移给购房人）的阶段，购房人已取得房屋所有权。此时房款已经由银行打入开发商账户内，开发商也已将房屋交付给购房人，合同已经履行完毕，无需再解除合同；且取得房屋所有权登记证书的购房人，可能已经将房屋另行出售或抵押给他人，如果开发商此时仍可收回房屋，不仅可能有违"物权优于债权"的基本法律原则，也有损不动产登记的公示效力，且极易引发权利冲突和市场混乱，所以在这个阶段，开发商不能解除房屋买卖合同。

## 普法提示

综上所述，如果银行怠于办理抵押登记，那么开发商可以免除阶段性连带保证责任。

据此，对银行提出如下建议：一是在发放贷款之前，可以要求借款人提前准备好除"房本"之外的其他抵押登记手续；二是建议银行在催告借款人办理抵押登记、向不动产登记机关提交登记材料时，要注意留存好相关证据；

---

① 郝绍彬、屈东升：《已预告登记但买受人违约　开发商可排除房产执行》，载《中国商报》2018 年 9 月 20 日第 A03 版。

三是银行要及时办理抵押登记，尤其是在贷款已出现逾期还款的情况下，要积极作为，以免权益受损。

开发商如果想尽量减轻自身的保证责任，则应该按时履行竣工交房、为购房人办理房屋所有权转移登记手续等义务，及时将购房人的房屋所有权证转交给银行并留存好转交证据。在与银行签订保证合同时，开发商可以约定好银行办理抵押登记的期限、未及时办理抵押登记的后果。

# 案例十 债权转让后担保人责任分析
## ——兼论债务转移与债务人死亡后的担保人责任

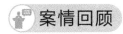 **案情回顾**

这是一个涉及债权转让、主债务人死亡的保证合同纠纷。

小继急需用钱，就与小阳商定借款事宜。于是在 2013 年 10 月 18 日，出借人小阳与借款人小继、担保人小舆签订借款合同，约定小阳借款 50 万元人民币给小继，借款期限 30 天。利息为每月 2%，按日计息。小继应于借款到期之日全额返还借款本金及利息。

如小继在借款到期时未能全额还清借款本息，则剩余本金按每月 2% 计算利息直至全额还清。小继未在借款到期时全额还清借款本息的，除偿还借款本息外，小阳为追索债权所支出的诉讼费、律师费、保全费等费用，小继应予赔偿，其中的律师费不应超过借款本金的 30%。

合同同时约定，小舆对小继的全部债务承担连带保证责任，保证期限自借款到期之日起两年；小阳如将该合同的债权转让给他人，并不影响受让债权人向小继或小舆要求履行相应的偿还或担保责任。三方亦对其他权利义务作了约定。同时，在该合同中载明了小继和小舆的联系方式。

当天，小阳向小继交付了 50 万元借款，小继向小阳出具收据，写明："今收到小阳出借的人民币 50 万元。"

合同签订后，小阳还是不放心，要求小继再增加一名保证人。于是小继找来了好朋友小军。2013 年 10 月 24 日，小军向小阳出具了担保书，写明：

---

① 北京市第二中级人民法院民三庭法官。
② 北京市第二中级人民法院民三庭法官助理。

"致小阳：2013年10月18日，你方与小继签订的借款合同，现小军承诺：在本担保书的保证范围内，就小继对你方承担的债务，小军愿承担连带偿还责任。保证范围为借款本金人民币50万元及其对应的利息、逾期利息、违约金等合同中约定的借款人应承担的全部责任。担保人的担保期限为自借款到期之日起两年。"并写明，小阳如将该合同的债权转让给他人，并不影响受让债权人向担保人要求履行担保的责任。该担保书中同时载明了小军的联系电话。小军对该担保书中其签字的真实性认可，但其主张没有见过借款合同。

借款期限仅有短短的30天，小继到期没有偿还借款。

一晃时间就到了2015年9月7日，这天，小阳与小李签订《债权转让协议书》，约定小阳将其中的2万元借款本金及其从权利转让给小李，小李成为小继新的债权人，依法按照本协议的约定享有和行使与该债权转让有关的一切主、从权利。二人同时签署《债权转让通知书》。签订后，小阳通过EMS等特快专递的方式将债权转让事宜书面通知债务人小继及担保人小舆、小军，还按照小军的身份证住址向小军进行了邮寄送达，上述邮件均被退回。一审庭审中，小舆与小军均主张未收到过《债权转让通知书》。

为了实现自己的债权，小李聘请了律师代理自己向保证人小舆与小军提起了诉讼，要求二人偿还本金2万元并支付利息（以2万元为基数，自2013年10月19日起计算至实际付清之日止，按照每月2%标准计算），支付律师费2000元。

一审法院经审理认为，小李请求小舆、小军支付本金2万元及利息并赔偿律师费的诉讼请求，理由正当，于法有据，判决：1. 小舆、小军于判决生效之日起十日内向小李承担小继尚欠小李的借款本金2万元及利息（以2万元为基数，自2013年10月19日计算至实际给付之日止，按照每月2%的标准计算）的连带清偿责任；2. 小舆、小军于判决生效之日起十日内向小李承担小李为实现债权而支付的律师费2000元的连带清偿责任；3. 小舆、小军在向小李履行判决第1项、第2项确定的保证责任后，有权向债务人小继追偿。

小舆与小军均不服一审判决向北京市第二中级人民法院提起上诉，请求二审法院撤销一审判决、驳回小李一审全部诉讼请求。其二人主要上诉理由是，《债权转让通知书》并非法律文书，往合同上的地址邮寄不应视为送达。二人并未收到《债权转让通知书》，债权转让并未生效。

二审法院补充查明，小继已经于 2015 年去世。二审法院经审理认为，小舆与小军的上诉理由均不能成立，一审法院认定并无不当，应维持一审判决第 1 项、第 2 项；鉴于主债务人小继已经身故，一审法院判决小舆与小军在向小李履行该判决第 1 项、第 2 项确定的保证责任后，有权向债务人小继追偿欠妥，故二审法院撤销了一审判决第 3 项。

本案中，有以下几个问题值得探讨：1. 小军单方向原债权人即让与人小阳出具的担保书，是否可以认为保证合同成立？ 2. 债权转让后，担保人是否还需要继续向债权受让人小李承担担保责任？ 3. 债务人小继去世后，担保人是否还需继续承担担保责任？

## ⚖ 法理分析

（一）小军单方向小阳出具的担保书，是否可以认为保证合同成立

本案中，第二位担保人小军并没有与小阳采用传统的书面形式订立合同。而是采用出具担保书的方式向小阳表示愿意就小继的债务承担保证责任，可否视为双方的担保合同成立？

《民法典》第六百八十五条规定，保证合同可以是单独订立的书面合同，也可以是主债权债务合同中的保证条款。第三人单方以书面形式向债权人作出保证，债权人接收且未提出异议的，保证合同成立。

根据该条规定的第二款，小军向小阳以书面形式单方出具了担保书，小阳并未表示异议。故小军应该向小阳按照担保书的约定承担担保责任。其抗辩称自己不知小继与小阳之间的借款协议，但小军承认该担保书的签名是其本人所签，其抗辩显然不能成立。小军作为完全民事行为能力人，应该对其行为负责。

（二）债权转让后，担保人是否还需要继续承担担保责任

分析过小军的担保书的效力后，大家对小军与小舆对小继的债务承担担保责任已经没有疑问了，那么现在债权已经由小阳转给小李了，那么小军与小舆是否还需要向小李承担保证责任呢？

这就涉及两个问题，首先应分析小阳向小李转让债权是否生效，之后再分析小军与小舆的担保责任问题。

首先，小阳是否可以向小李转让债权。在借款人小继与出借人小阳、担保人小舆签订的借款合同中，有对债权转让的约定："小阳如将该合同的债权转让给他人，并不影响受让债权人向小继或小舆要求履行相应的偿还或担保责任。"那么小阳可以将部分债权转让给小李是基于他们之间的合同约定吗？

其实不然，即使合同中并没有约定，债权人也可以对自己的债权进行转让。

《民法典》第五百四十五条第一款对债权转让进行了规定："债权人可以将债权的全部或者部分转让给第三人，但是有下列情形之一的除外：（一）根据债权性质不得转让；（二）按照当事人约定不得转让；（三）依照法律规定不得转让。"

根据上述规定，小阳与小继之间的借款合同并非不得转让的合同，当事人之间也并无不得转让的约定，法律规定也没有规定不得转让。故小阳可以将债权转移或部分转移给小李。

债权转让后，是否对债务人小继生效呢？《民法典》第五百四十六条规定，债权人转让债权，未通知债务人的，该转让对债务人不发生效力。

通过这个规定可以得知，首先，债权转让是不需要征得债务人的同意的，这点与债务转移不同。因为向谁履行还款义务对于债务人并没有本质的影响。只需对债务人进行通知，告知债务人债务到期后应该将债务偿还给新的债权人即可。在实践中，也存在一些债务人无视债权人的债权转让通知，而依旧将债务偿还给原债权人，导致损失的案例。

至于是原债权人即让与人向债务人发出通知，还是新债权人即受让人向债务人发出通知，虽然法律没有明确的规定，但是从现实的角度来看，最好的方式是由原债权人将债权转让合同以及债权转让通知书一并交给债务人，以使债务人打消正常的怀疑，从而配合向新债权人履行还款义务。

债权转让的效力分析后，笔者分析一下担保人是否还应继续承担担保责任。

根据《民法典》第六百八十二条规定，保证合同是主债权债务合同的从合同。主债权债务合同无效的，保证合同无效，但是法律另有规定的除外。由此可见，担保合同是主合同的从合同，具有从属性。《民法典》第五百四十七条规定，债权人转让债权的，受让人取得与债权有关的从权利，但是该从权利专属于债权人自身的除外。所以当债权这个主权利转移时，担保权这个从权利也跟随其一起转移。故本案小阳转让了 2 万元的债权后，小军与小舆应该继续就 2 万元债权担保。即小继到期不履行还款义务时，可以请求小舆与小军承担连带保证责任。

最后，笔者来讨论"通知"。由于债权转让是以通知作为对于债务人与担保人生效的要件，本案中，小舆与小军抗辩说自己并未收到债权转让的通知，所以债权转让并未生效。这种抗辩不会被支持。小舆与小军在合同中明确了自己的通信地址，即双方约定了送达地址，债权人向该地址邮寄可以视为已经通知，即便不视为已经通知，在司法实践中，受让人向债务人提起诉讼的也可视为债权转让通知，故此抗辩在司法实践中不会被支持。

（三）债务人去世后，担保人是否还需继续承担担保责任

在现实生活中，有些人对于债务人去世之后的法律后果并不了解，存在"父债子还"或者"人死债清"等一些模糊的认识。对于这个问题，我们应该先对债务人死亡后的法律后果进行分析。因为如果债务人死亡意味着债务消灭的，那么担保权也会随之消灭。

《民法典》第一千一百六十一条规定，继承人以所得遗产实际价值为限清偿被继承人依法应当缴纳的税款和债务。超过遗产实际价值部分，继承人

自愿偿还的不在此限。由此可以看出，债务人死亡的，债务并不消灭，应该由其遗产进行清偿。

根据《民法典》第六百八十一条规定，保证合同是为保障债权的实现，保证人和债权人约定，当债务人不履行到期债务或者发生当事人约定的情形时，保证人履行债务或者承担责任的合同。保证从其产生来说就是一种对于债务人履行债务的保障，债务人到期不能履行债务会有很多种原因，死亡也是其中一种。所以，债务人死亡后，债务并没有消灭，债权人可以要求保证人继续承担保证责任。

## 💬 知识拓展

### （一）保证合同的几种形式

根据前文的叙述可知，保证合同可以是单独订立的书面合同，也可以是主债权债务合同中的保证条款。像本案中的是小军单方面出具的保证书，属于第三人出具的保证承诺书，也是具有法律效力的。除此之外，在生活中常见的还有与主合同书写在一起的保证条款，还有一种就是简易形式的保证合同。

作为主合同一部分的保证合同我们并不陌生，但是简易形式的保证合同就有必要与大家聊一聊。

简易形式的保证合同是指并未在合同中明确约定担保条款，而是在主合同结尾处写着"保证人"处签名或盖章的一种保证合同，这种合同的效力如何判定呢？

这种情形中，当发生需要保证人承担保证责任的情形时，保证人通常会以自己在签字时并不了解该合同的内容，是出于情谊、证明或者是督促等进行的签字，签字时自己并不具备保证的意思表示而进行抗辩。但这种抗辩真的有效吗？

对此笔者认为，在主合同上以保证人身份进行签字或盖章的保证合同成立。上述抗辩不能影响保证合同的成立，保证人还需承担保证责任。追其本质，保证人对于保证合同所应该具备的担保的债权、担保期间、保证方式、保证范围等能够明确，又是在保证人处签名盖章，其实就可以视为满足了保证合同的要件。

（二）债务转移后，担保人是否还需承担担保责任

本案中，债权转让，担保人继续承担担保责任。那不禁会产生疑问，如果债务发生了转移，担保人是否还应继续承担担保责任呢？答案是不一定的。

根据《民法典》第六百九十七条规定，债权人未经保证人书面同意，允许债务人转移全部或者部分债务，保证人对未经其同意转移的债务不再承担保证责任，但是债权人和保证人另有约定的除外。

理解本条须注意：首先，债权人将资金出借给债务人，必然会对债务人的资质、信誉、人品等各个方面进行一定的了解，相信其偿还能力，将资金出借给债务人。这就使得债务人有着或多或少的特别的属性，故《民法典》第五百五十一条规定，债务人将债务的全部或者部分转移给第三人的，应当经债权人同意。

担保亦是如此，担保人通过自己的信誉与资质对债务人进行担保，担保人做好了如债务人到期未履行债务，自己将代替债务人承担全部责任的准备。而自己承担担保责任后，有权向债务人进行追偿。所以担保人对于自己担保的对象也会有一些独特的考量，他们之间或是基于金钱，或是基于情谊，或是基于信任，才会进行担保。故在债务转移时，债务人已经发生变化，如若需要保证人继续承担保证责任，就需要经过保证人的同意。未经保证人许可的债务转移，保证人将不再对转移的债务承担保证责任。对于未转移的部分债务继续承担保证责任。

## 普法提示

保证担保一直是经济活动中重要的担保方式。其操作简便、灵活，是当

事人经常选择的一种担保方式。通过本案可以知道保证合同成立的几种方式，本案也提示了在合同末尾保证人处签字的法律意义。在实践中，很多当事人在被起诉时表示自己并没有承担保证责任的真实意思表示，自己对债务人与债权人之间的债务并不了解，当初仅是基于朋友义气，碍于情面而签署了保证协议。

在司法实践中有很多这样的例子，他们有的是学生，在债务人的不停劝说、信誓旦旦的保证下，签上了自己的名字，而不得不承担保证责任。作为一个完全民事行为能力人，除非能够证明在签署合同中具有可撤销或其他合同无效的情形，否则很难不承担保证责任。

所以，担保人在签订保证合同时一定要认真考虑，毕竟债务人说的再好听，最后承担偿还债务责任的很有可能是担保人。此外，还可以要求债务人对保证人提供反担保，如抵押或质押。用这种物保对自己的权利进行保障。

另外，如果担保人只想针对最初签订合同的债权人履行义务，那么一定要在合同中事先约定该债权不能转让。如果发生债务转移，请记住本案，没有经过担保人允许的债务转移，担保人可以不必再承担担保责任。

第二章

# 抵押合同

案例一 | # 房屋抵押合同的效力与合同责任
——未办理房屋抵押登记情形抵押人责任的认定

刘春梅[1]　孙兆晖[2]

## 🗨 案情回顾

2013年9月3日，云天公司、钱丰、张千签订《借款合同》，约定：云天公司因资金周转困难向钱丰借款1.2亿元；云天公司于2014年8月30日前一次性向钱丰全部还清1.2亿元；张千以抵押物清单所列的房产提供抵押担保。

合同签订时，张千尚未取得对应抵押物的所有权证，但其提供了相关的购房文件并将该文件交由钱丰持有。2015年2月至同年4月，张千取得对应抵押物的所有权证。合同签订后，钱丰向云天公司交付借款1亿元，云天公司未履行还款义务。房屋抵押登记始终未办理，钱丰称因张千签约当时尚未取得抵押物的所有权证，故无法办理抵押登记，当时协商待取得房屋所有权证后办理抵押登记，张千在取得所有权证后未告知钱丰。张千称签订《借款合同》之后钱丰就没有联系过张千，未向张千主张办理抵押登记，张千也不同意再办理抵押登记。

钱丰诉至法院，请求原审法院判令：1.云天公司立即偿还借款1亿元；2.云天公司支付违约金2000万元；3.张千在提供抵押担保的房产价值范围内对云天公司上述第1项、第2项债务承担连带清偿责任。张千辩称：抵押合同签订后，房屋抵押登记尚未办理，《借款合同》的生效条件尚不具备，张千对此并无过错，不应向钱丰承担任何责任。云天公司未到庭参加诉讼。一审法院审理后判决：1.云天公司于判决生效之日起十日内给付钱丰借款本金

---

①　北京市高级人民法院民二庭副庭长。

②　北京市第二中级人民法院民三庭副庭长。

1亿元；2. 云天公司于判决生效之日起十日内给付钱丰违约金2000万元；3. 驳回钱丰的其他诉讼请求。

钱丰不服原审判决，提起上诉。二审法院经审理认为：张千与钱丰关于以房产抵押为案涉《借款合同》提供担保的约定是各方的真实意思表示，抵押合同成立并生效，抵押义务人张千在抵押合同中的主要合同义务为：一是及时办理抵押登记；二是在债务人不履行到期债务或者发生当事人约定的实现担保物权的情形，债权人有权以抵押物折价或者以拍卖、变卖抵押物的价款优先受偿，让债权获得充分保障。

钱丰并没有放弃对案涉房产办理抵押登记，未办理抵押登记原因是抵押义务人张千不配合所致。由于本案抵押义务人张千直至本案二审审理期间，均未办理案涉房屋的抵押登记，未履行抵押合同的主要义务，应当承担违约责任。抵押人拒不协力办理抵押登记时，债权人的损失应认定为"合同履行后可以获得的利益"，即在债务人未能履行到期债务的情况下，债权人可以直接要求抵押义务人在担保范围和抵押物价值范围内承担连带清偿责任。据此，二审法院对一审判决予以部分改判：维持一审判决第1项、第2项，撤销一审判决第3项，改判抵押义务人张千在其提供的抵押担保房产价值范围内对云天公司的相应债务承担连带清偿责任。

上述案例向我们提出的问题是：房屋抵押合同签订后，在未办理房屋抵押登记的情形下，如何认定抵押义务人的责任？这又可细分为两个问题：第一，抵押合同是否有效；第二，抵押义务人应当履行的合同义务是什么。

## ⚖ 法理分析

（一）分歧观点

对于上述问题，审判实践中先后存在以下判决思路：（1）抵押合同无效，抵押义务人不承担责任。《物权法》颁布实施前，不少判决采此思路，《物权法》颁布实施后，采此思路的案例较少。（2）抵押合同无效，债权人和抵押义务人都存在过错的，抵押义务人在债务人不能清偿部分的 1/2 范围内承担责任；抵押义务人不存在过错的，不承担责任。（3）抵押义务人应承担缔约过失损害赔偿责任，因尚未对债务人进行强制执行，无法确定债权人的损失，对债权人的请求不予支持。（4）在未办理抵押登记的情况下，抵押义务人向债权人提供的担保方式由抵押担保变更为保证担保，抵押义务人应向债权人承担保证责任，而对于这种保证的性质，又有两种观点：有人认为是承担一般保证责任，另有人认为是承担连带保证责任。此种思路涉及法律行为转换的问题，关于转换的依据，学理和实践中均存在争议。（5）抵押合同合法有效，抵押义务人应继续履行办理抵押权登记的合同义务，债权人还有权要求抵押义务人承担违约损害赔偿责任。本案二审判决即采此思路。

笔者同意所列案例中二审法院的观点。最高人民法院 2019 年 11 月 8 日发布的《全国法院民商事审判工作会议纪要》亦对此问题予以了明确："不动产抵押合同依法成立，但未办理抵押登记手续，债权人请求抵押人办理抵押登记手续的，人民法院依法予以支持。因抵押物灭失以及抵押物转让他人等原因不能办理抵押登记，债权人请求抵押人以抵押物的价值为限承担责任的，人民法院依法予以支持，但其范围不得超过抵押权有效设立时抵押人所应当承担的责任。"

### （二）房屋抵押合同的效力

#### 1. 原《担保法》下的合同效力

根据原《担保法》第四十一条规定，当事人以不动产抵押的，应当办理抵押物登记，抵押合同自登记之日起生效。该规定未能正确处理抵押登记与抵押合同效力、抵押权设立之间的关系，此种合同无效处理方式导致当事人之间利益失衡，抵押义务人免责，而债权人承担主要风险。[1] 为此，《担保法

---

[1] 参见范小华：《未办抵押登记的不动产抵押合同中抵押人责任研究》，载《法律适用》2015 年第 4 期。

解释》第五十九条又创设出债权人的特殊优先受偿权。同时,《担保法解释》第五十六条还在坚持《担保法》规定的合同无效的处理思路基础上,明确规定抵押义务人的缔约过失损害赔偿责任。

**2. 原《物权法》下的合同效力**

根据原《物权法》第十五条的规定,未办理物权登记,不影响当事人之间有关设立、变更、转让和消灭不动产物权合同的效力。该法第十五条已经明确区分债权合同的效力与物权的设立效果,认为不动产登记影响的是物权的变动,而非影响有关约定设立、变更、转让和消灭不动产物权的债权合同的效力。因此,该条规定已经改变《担保法》第四十一条的规定,后者不再适用。《民法典》第二百一十五条延续了《物权法》第十五条的规则。

## (三)办理房屋抵押登记的合同义务

**1. 关于抵押义务人的合同义务**

合同义务是第一次给付义务,该义务不履行便转化为第二次给付义务即违约责任。[①]因此,认定违约责任的前提是厘清合同义务。房屋抵押合同签订后,抵押义务人的首要合同义务就是依照抵押合同约定的时间协力债权人办理抵押登记,该义务可类比房屋买卖合同签订后出卖人负有的协力办理房屋过户登记的义务。此种不动产登记义务是基于抵押义务人或出卖人负有保障相对人取得不动产物权的基础性义务,其对应的是相对人的继续履行合同请求权。应指出,根据相关部门规章规定,我国的不动产登记采用共同申请原则,[②]但是,申请和协力办理抵押登记属抵押义务人对债权人的合同义务,并非债权人对抵押义务人的合同义务。

**2. 关于抵押义务人的违约行为**

约定设立房屋抵押权的抵押合同生效后,抵押义务人即负有为债权人设立抵押权的合同义务。抵押合同约定的办理抵押登记期间是抵押义务人履行

---

① 参见韩世远:《合同法总论》(第四版),法律出版社 2018 年版,第 742 页。
② 《房屋登记办法》第十二条第一款,《土地登记办法》第七条。

合同义务的期间，除非合同明确约定，债权人未在此期间要求抵押义务人协力办理抵押登记的，并不导致抵押义务人该项合同义务的免除。换言之，约定的办理抵押登记期间届满后，债权人仍有权要求抵押义务人协力办理抵押登记。

应当指出，如果债权人提出该项继续履行抵押合同的请求权，法院在审理中应当查明办理抵押登记在法律或事实上能否履行，即抵押物是否仍在抵押义务人名下、抵押物上有无查封、是否存在在先顺位抵押权等，防止法院作出的继续履行合同的判决无法执行。必要时，法院在判决前应当对抵押物的权属和权利负担状况再次核实，也可以在诉讼中释明债权人对抵押物申请财产保全。

### （四）抵押人的违约赔偿责任

**1. 关于责任性质**

抵押合同生效后，抵押义务人即负有为债权人设立抵押权的合同义务。如果抵押义务人未履行该义务，债权人有权依据抵押合同请求其承担违约损害赔偿责任。该责任与缔约过失损害赔偿责任的区分关键是抵押合同的效力。在认定抵押合同有效的情况下，无后者的适用空间，因此《担保法解释》第五十六条规定的缔约过失损害赔偿责任条款已因《物权法》的施行而不再适用。违约损害赔偿责任与保证责任的区分关键是合同的性质，这是合同解释问题，根据文义解释，足以认定当事人之间合同为抵押合同，债权人可以行使抵押合同上的救济权，法院没有必要越过文义解释方法，将合同性质解释为保证合同。

**2. 关于归责原则**

《合同法》第一百零七条规定："当事人一方不履行合同义务或者履行合同义务不符合约定的，应当承担继续履行、采取补救措施或者赔偿损失等违约责任。"[①] 据此，抵押义务人如果未能按照抵押合同约定履行设立抵押权的

---

① 《民法典》第五百七十七条亦作了相同的规定。

合同义务，其即应向债权人承担违约损害赔偿责任。债权人无需证明抵押义务人未协力办理抵押登记的原因，正如房屋买受人无需证明出卖人未协力办理过户登记的原因。即使抵押义务人因尚未取得抵押物所有权证或者因抵押物被法院查封而导致无法办理抵押登记，抵押义务人亦应承担违约损害赔偿责任。

**3. 关于债权人登记请求权与赔偿请求权的适用关系**

实践中存在两种观点：第一种观点是倘若抵押义务人未依约履行设立抵押权的合同义务，则债权人有权请求其继续履行抵押登记义务，亦有权直接请求其承担违约损害赔偿责任；第二种观点是只有在无法继续履行，即因事实或法律上履行不能而无法请求办理抵押登记的情况下，才可以直接起诉请求损害赔偿。从法律解释看，该问题的实质是违约责任中强制履行（继续履行）与赔偿损失的适用顺序问题。根据《合同法》第一百零七条规定，我国合同法并列地规定了强制履行、赔偿损失等责任方式，不能以法律规定的先后次序而认为有适用上的先后次序，各种违约责任方式是并列关系，可以由债权人进行选择。① 因此，前述第一种观点更为可采。

（五）赔偿范围：可预见性规则

如果抵押合同对抵押义务人未依约办理抵押登记明确约定了损害赔偿责任，或者约定抵押义务人在合同约定的担保范围内对担保的债务与主债务人承担连带责任，应当从其约定。② 如果抵押合同未作上述约定，如何确定违约损害赔偿的范围，这是审判实践中的难点问题。

《合同法》第一百一十三条第一款规定了违约损害赔偿范围和可预见性规则。③ 抵押合同的订立目的是设立抵押权，保障债权的实现，亦即在债务人不履行到期债务或者发生当事人约定的实现担保物权的情形，债权人有权

---

① 参见韩世远：《合同法总论》（第四版），法律出版社 2018 年版，第 774 页。

② 参见最高人民法院（2009）民二终字第 112 号民事判决书。

③ 《民法典》第五百八十四条亦作了相同的规定。

以抵押物折价或者以拍卖、变卖抵押物的价款优先受偿,让债权获得充分保障。根据物权法定原则,抵押人的担保责任是法定责任,因此,抵押义务人在订立房屋抵押合同时,就应当预见到未办理抵押登记时债权人的损失,即在主债务未履行的范围内,债权人无法以抵押物折价或者以拍卖、变卖抵押物的价款优先受偿。

综上,根据违约损害赔偿的可预见性规则,抵押义务人的赔偿范围应当是担保范围内的主债务未履行的数额,以抵押物的现有价值为限。如果抵押义务人与债权人能够在法庭辩论终结前就抵押物的现有价值金额协商一致,法院可以直接判决以该协商数额作为抵押义务人赔偿范围的上限。

## 🗨️ 知识拓展

抵押义务人违约损害赔偿责任的承担方式是抵押义务人与主债务人共同向债权人清偿债务,是一种共同清偿责任。共同清偿责任按债务人承担责任的先后顺序不同,可划分为连带清偿责任与补充清偿责任。

连带清偿责任的各债务人之间不分主次,对整个债务无条件地承担清偿责任,如合伙人的对外责任、连带保证责任等。根据《民法典》第一百七十八条规定,二人以上依法承担连带责任的,权利人有权请求部分或者全部连带责任人承担责任。连带责任人的责任份额根据各自责任大小确定;难以确定责任大小的,平均承担责任。而补充清偿责任须以共同债务中的主债务人不履行或不能完全履行为前提,补充清偿债务人只在第二顺序上或者特定情形下承担清偿责任,如一般保证人的担保责任、出资不实股东对公司债权人的补充清偿责任等。

如果抵押合同中明确约定未办理抵押登记时抵押义务人对债权人承担连带责任,可以认定此时抵押义务人的责任方式为连带清偿责任。在抵押合同未作此约定的情况下,抵押义务人的责任方式究系连带清偿责任还是补充清偿责任,审判实践中存在较大分歧,存在连带清偿责任与补充清偿责任的争议。

（一）连带清偿责任

该种观点认为，抵押义务人的责任方式为连带清偿责任，即债权人有权要求抵押义务人在担保范围内，以抵押物的现有价值为限，就主债务的未偿还部分向债权人承担连带清偿责任。主要理由如下：

第一，关于连带清偿责任的法律依据。根据《民法典》第一百七十八条的规定，连带责任由法律规定或者当事人约定。抵押义务人承担连带清偿责任的法律依据为《物权法》第一百七十九条和第一百九十五条，即抵押权设立后，债务人不履行到期债务或者发生当事人约定的实现抵押权的情形，债权人（抵押权人）有权就抵押财产优先受偿，即抵押权人可以与抵押人协议以抵押财产折价或者以拍卖、变卖该抵押财产所得的价款优先受偿。[①]

抵押权设立后，只要发生债务人不履行到期债务或者发生当事人约定的实现抵押权的情形，债权人就有权直接要求抵押人承担担保责任，抵押人不享有先诉抗辩权，亦无权要求对主债务只承担补充清偿责任。据此，抵押人的担保责任中本已包含抵押物价值范围内的连带清偿责任的内容，而且比连带清偿责任更重，即债权人有权直接就抵押财产优先受偿。因此，在抵押义务人违约未设立抵押权的情况下，其违约赔偿责任的承担方式即应当是其在签订抵押合同时应当预见到的连带清偿责任，该连带责任实质来源于法律规定。

第二，关于债权人的真正损失。在抵押义务人未协力办理抵押登记情形，债权人的损失不应当仅仅认定为"债权最终未获清偿的数额"，而应认定为"合同履行后可以获得的利益"，即在债务人不履行到期债务或者发生当事人约定的实现抵押权的情形，债权人（抵押权人）有权就抵押财产优先受偿。从违约损害赔偿的损失填补原则看，抵押义务人承担连带清偿责任比其承担补充清偿责任更能弥补债权人的损失。

第三，关于不动产抵押登记生效模式的功能。债权人与抵押义务人签订

---

① 《民法典》亦作出了相同的规定。

抵押合同的目的是设立抵押权，即让债权人获得比让抵押义务人承担连带清偿责任更强的担保。由于抵押义务人未协力办理抵押登记，导致不动产抵押权无法设立，这是不动产抵押登记生效制度使然。法律作此设计的原因是保障交易安全，也就是在权衡债权人与第三人的利益之后，选择保障第三人的利益，但绝不是减轻或免除抵押义务人对债权人的责任。换言之，在不损害第三人的利益或交易安全的情况下，抵押义务人仍应当为债权人提供最充分的债权实现保障，即就主债务向债权人承担连带清偿责任。

第四，关于诚实信用原则的要求。在抵押义务人诚信履约办理抵押登记时，抵押义务人承担抵押担保责任，即需配合债权人以抵押物折价或者以拍卖、变卖抵押物的价款优先受偿，让债权获得充分保障，这是一种比连带清偿责任更重的责任。反之，抵押义务人背信违约不办理抵押登记时，如果仅让其承担补充清偿责任，则是让其从违约行为中获利，即获得了承担责任顺位和程序上的利益，这是诚实信用原则所不允许的。

### （二）补充清偿责任

该种观点认为，抵押义务人的责任方式为补充清偿责任，即在对主债务人财产依法强制执行后仍不能履行债务时，由抵押义务人承担补充清偿责任。持此观点的主要理由如下：一是连带责任的承担需要以法律规定或当事人之间的约定为前提，在抵押合同未约定抵押义务人的连带责任的情况下，认定连带清偿责任没有合同依据。二是抵押合同系主合同的从合同，应由主债务人先向债权人履行债务，在主债务人的财产不足以清偿债务时，才应由从合同中的债务人承担清偿责任。

审判实践中，很多人认为抵押义务人的责任方式是补充清偿责任。有观点甚至认为，抵押义务人承担的是损害赔偿责任，要先确定债权人的损失，也就是债权未获清偿的数额，这只有在债权人起诉主债务人并进行强制执行后才能够确定，据此认定抵押义务人应当承担补充清偿责任。

2019年《全国法院民商事审判工作会议纪要》起草过程中，曾明确采纳过"补充清偿责任"的表述，最高人民法院通过的会议纪要和此后制定的《最高人民法院关于适用〈中华人民共和国民法典〉有关担保制度的解释》未再采用"补充清偿责任"的表述，但审判实践中的倾向性观点仍认为抵押人应承担补充清偿责任。

### 👆 普法提示

根据上述分析，房屋抵押合同签订后未办理抵押登记的，不影响抵押合同效力，抵押义务人负有为债权人设立房屋抵押权的合同义务。抵押义务人未履行上述义务的，债权人有权请求其承担违约损害赔偿责任，要求抵押义务人在担保范围内，以抵押物的现有价值为限，就主债务的未偿还部分向债权人承担清偿责任。

为防范房屋抵押过程中的法律风险，保障债权实现，特向债权人作出如下普法提示：

一是在合同中明确将取得抵押权证作为债权人付款或履行其他合同义务的条件，并严格按此约定履行，防止签订抵押合同后无法取得抵押权。

二是在合同中明确约定抵押权未能设立时的责任。例如：如果因抵押人原因导致抵押权未有效设立，或者导致抵押财产价值减少，或者导致债权人未及时或者未充分实现抵押权，且抵押人与债务人不是同一人，债权人有权要求抵押人在本合同约定的担保范围内对担保的债务与债务人承担连带责任。

三是在诉讼阶段，要及时申请对抵押物进行财产保全。一方面，如果债权人起诉请求抵押人办理房屋抵押登记，财产保全可以防止抵押人转移房屋所有权，避免诉讼请求得不到支持。另一方面，如果债权人起诉请求抵押人承担赔偿责任，财产保全可以防止抵押人转移财产，避免判决难以执行。

案例二 | # 迟延履行期间的债务利息能否优先受偿及抵押权优先受偿范围的确定

杨光[①]　付天缘[②]


享有抵押权的债权人经过审判进入执行阶段参与分配时，如何确定抵押权优先受偿的范围？是以抵押登记的主债权数额为准？还是以抵押合同约定的担保范围为准？迟延履行期间产生的债务利息能否纳入优先受偿范围进行分配？以上问题，我们通过下面这个案例来厘清。

## 案情回顾

（一）一房多抵分配难，当事人不服提异议

2012年11月7日，法院受理晶土小贷公司诉上一公司、上二公司、张三、王二、吴小金融借款合同纠纷一案。经审理，法院判决上一公司归还晶土小贷公司借款本金500万元、期内利息35700元以及按《借款合同》中约定的至借款清偿之日止的利息。如上一公司未履行前述还款义务，晶土小贷公司可与吴小协议，以吴小名下幸福家园101号房产作为抵押物折价，或者申请以拍卖、变卖该抵押物所得价款优先受偿。上二公司、张三、王二对上述判决义务承担连带清偿责任。

2014年1月13日，法院对另案作出民事调解书，确认：1. 张三应归还银行借款本金22312359.32元，并支付截至2013年10月31日的利息1487706.90元、逾期利息20819.46元以及自2013年11月1日起至实际清偿日止的利息及逾期利息（按中国人民银行相关规定及本案合同约定计算，以民生银行提供的对账单为准）；2. 张三应支付银行律师费10万元；3. 银行就

---

① 北京市第二中级人民法院法官。

② 北京市第二中级人民法院法官助理。

幸福家园 101 号房产拍卖、变卖等处置所得的价款享有优先受偿权。

幸福家园 101 号房产由法院拍卖执行后，银行于 2016 年 8 月 25 日向执行法院申请参与分配，对优先受偿债权进行申报：截至 2016 年 8 月 31 日，借款本金、利息、逾期利息、迟延履行期间的加倍债务利息、律师费、案件受理费，合计 33504745.60 元。

2016 年 10 月 14 日，执行法院作出执行款分配方案：对优先受偿的第一抵押权人，优先受偿部分包括本金（即借款总金额扣除还款部分）；利息部分按照合同约定计至拍卖成交日即 2016 年 6 月 17 日；逾期利息部分按合同约定在贷款利率基础上加收 40%，计算至拍卖成交日；迟延履行期间的债务利息，按本金从判决生效之日算至拍卖成交日，另外包括律师费及诉讼费；对第三方公司、晶土小贷公司也按上述标准进行计算。

晶土小贷公司不同意该分配方案，向法院提起执行分配方案异议之诉即本案。

晶土小贷公司请求法院撤销上述执行分配方案，指令执行法院重新分配案件执行款，银行仅有权对办理抵押登记的 2500 万元债权金额为限享有优先受偿。理由为，张三可供执行的财产系抵押人其母吴小名下的幸福家园 101 号房屋。该房屋抵押登记信息显示，银行为第一顺位的抵押权人，债权金额为人民币 2500 万元；第三方公司为第二、第三顺位的抵押权人，债权金额分别为 1100 万元、900 万元；晶土小贷公司系第四、第五顺位的抵押权人，最高债权限额分别为 500 万元、500 万元。根据《物权法》的有关规定，银行抵押优先受偿范围应以登记为限，不应包括主债权的利息、违约金、损害赔偿金和实现抵押权的费用。

（二）一审法院定焦点，分配不当判撤销

一审法院认为本案焦点有二：

其一，一般抵押情形下，抵押权人优先受偿的范围是否以登记机构登记的债权金额为限？

银行与张三签订的《个人购房抵押借款合同》第三十三条对担保范围进

行了详细约定。合同签订后，银行进行了抵押登记，系第一顺位抵押权人。法院作出的民事调解书是基于法律及双方当事人合同之约定，现该民事调解书已生效，且合同明确了银行抵押担保优先受偿范围为本合同约定的借款本金、利息、罚息、复利、违约金、损害赔偿金、实现债权和担保权利的费用（包括但不限于处分抵押财产的费用、律师费、差旅费等）和其他相关合理费用，所以执行程序中应依此对拍卖抵押物所得款项进行分配。

对于抵押登记"债权数额 2500 万元"的认定，结合本案证据，该数额应为债权本金的记载，并不能就此否定当事人之间有关担保范围的约定。由于抵押权设立之时，除本金数额可以明确外，利息、逾期利息等是否会实际发生以及发生的实际金额均尚不可知，所以应根据双方当事人在合同中明确约定的抵押担保债权范围确定优先受偿的范围。因此，晶土小贷公司认为优先受偿范围以抵押登记债权金额为限的主张，无事实和法律依据，不予支持。

其二，迟延履行期间的债务利息是否属于优先受偿的范围及如何计算？

法院认为迟延履行期间的加倍债务利息不应当在抵押担保债权所确定的优先受偿的范围内。迟延履行期间的加倍债务利息是法定的，其产生是有前提条件的，目的在于督促被执行人履行义务而不是弥补损失。

综上，一审法院认为执行款分配方案不当，判决予以撤销。

（三）二审法院判维持，概念不同勿混淆

晶土小贷公司与银行均不服一审判决提起上诉，晶土小贷公司上诉请求与起诉请求一致，认为应以抵押登记的债权最高额为限对银行的债务进行优先受偿。银行则认为不应撤销原执行分配方案，迟延履行期间的加倍利息属于优先受偿范围。

二审法院其他观点与一审法院大致相同，不再赘述。需要强调的是，一般抵押权与最高额抵押是两个不同的法律概念。银行作为拍卖不动产的第一顺位一般抵押权人，其优先受偿的范围，依法包括主债权及其利息、违约金、损害赔偿金、保管担保财产和实现担保物权的费用。晶土小贷公司的上诉请求，混淆了一般抵押和最高额抵押的概念，依法不能成立。

最终，二审判决驳回上诉，维持原判。

## ⚖ 法理分析

本案涉及的两个争议焦点也是本文着重讲解的两个知识点。

本案中，晶土小贷公司认为幸福家园 101 号房产登记信息显示银行为第一顺位抵押权人，债权金额为人民币 2500 万元，此时银行的抵押权应以登记为限，不应包含主债务的利息等费用。

根据《民法典》第三百八十九条规定，担保物权的担保范围包括主债权及其利息、违约金、损害赔偿金、保管担保财产和实现担保物权的费用。当事人另有约定的，按照其约定。也就是说，当事人之间有约从其约，无约从法定。银行与张三签订的《个人购房抵押借款合同》约定了担保范围，且合同签订后银行进行了抵押登记，系第一顺位抵押权人，并且法院也根据双方之间的合意制作了民事调解书，调解书中对债权也进行了明确。对于抵押登记"债权数额 2500 万元"的认定，该数额应为债权本金的记载，并不能就此否定当事人之间有关担保范围的约定，因抵押权设立之时除债权本金外其他暂无法确定，应该根据借款合同约定的抵押担保债权范围确定优先受偿的范围，不应该以登记机关登记的债权金额为限。

值得注意的是，2019 年 9 月 11 日，最高人民法院审判委员会通过了备受业界关注的《全国法院民商事审判工作会议纪要》，其中第 58 点担保物权的范围中，就本案第一个焦点问题结合现状进行了分析与裁判指引，其称，以登记作为公示方式的不动产担保物权的担保范围，一般应当以登记的范围为准。但是，我国目前不动产担保物权登记，不同地区的系统设置及登记规则并不一致，人民法院在审理案件时应当充分注意制度设计上的差别，作出符合实际的判断：一是多数省区市的登记系统未设置"担保范围"栏目，仅有"被担保主债权数额（最高债权数额）"的表述，且只能填写固定数字。而当事人在合同中又往往约定担保物权的担保范围包括主债权及其利息、违约金等附属债权，致使合同约定的担保范围与登记不一致。显然，这种不一致是由于该地区登记系统设置及登记规则造成的该地区的普遍现象。人民法院以合同约定认定担保物权的担保范围，是符合实际的妥当选择。二是一些省区市不动产登记系统设置与登记规则比较规范，担保物权登记范围与合同约定一致在该地区是常态或者普遍现象，人民法院在审理案件时，应当以登记的担保范围为准。

《最高人民法院关于适用〈中华人民共和国民法典〉有关担保制度的解释》第十五条规定，对最高额担保中登记的最高债权额与约定不一致时，应依据登记的最高额确定债权人优先受偿的范围。

迟延履行金不属于债务利息不能优先受偿。《最高人民法院关于适用〈中华人民共和国民事诉讼法〉的解释》第五百零七条规定，被执行人未按判决、裁定和其他法律文书指定的期间履行非金钱给付义务的，无论是否已给申请执行人造成损失，都应当支付迟延履行金。已经造成损失的，双倍补偿申请执行人已经受到的损失；没有造成损失的，迟延履行金可以由人民法院根据具体案件情况决定。

不难看出，迟延履行金的给付义务是由法院根据具体案情进行决定的，是法院依职权的行为，其本质具有惩罚和赔偿的性质，在于督促当事人及时履行判决、裁定或其他法律文书所规定的义务，而不是在于弥补当事人的损失，所以不应属于优先受偿的范围。

## 💬 知识拓展

（一）抵押权

抵押权作为债权的一种担保方式，由于其具有较好的担保效果，在实践中是最常被使用到的。依据《民法典》第三百九十四条，为担保债务的履行，债务人或者第三人不转移财产的占有，将该财产抵押给债权人的，债务人不履行到期债务或者发生当事人约定的实现抵押权的情形，债权人有权就该财产优先受偿。抵押权具有四个特征：其一，不转移财产占有；其二，在特定财产上设立的担保物权；其三，实现的前提条件是债务人不履行债务或者约定条件成就时；其四，债权人对抵押财产有变价处分权和优先受偿权。

## （二）最高额抵押

依据《民法典》第四百二十条，为担保债务的履行，债务人或者第三人对一定期间内将要连续发生的债权提供担保财产的，债务人不履行到期债务或者发生当事人约定的实现抵押权的情形，抵押权人有权在最高债权额限度内就该担保财产优先受偿。最高额抵押权设立前已经存在的债权，经当事人同意，可以转入最高额抵押担保的债权范围。

不同于一般抵押权的特征，最高额抵押具有以下三个特征：其一，最高额抵押所担保的债权尚未发生，其是对未来将要发生的债权提供担保；其二，担保的债权有最高额限制，即虽然债权具有不确定性，但是最高额抵押有上限，债权人仅可在该范围内对担保财产优先受偿，超出范围不享有优先受偿权；其三，如果设立最高额抵押之前已经存在债权，经当事人同意，可以转为最高额抵押担保的债权范围，享有优先受偿权。

## （三）一般抵押权与最高额抵押权的区别

如何区分一般抵押权与最高额抵押权？其一，是否具有从属性。一般抵押权从属于主债权，仅为主债权提供担保，主债权的消灭会影响一般抵押权，一般抵押权随主债权消灭而消灭；而最高额抵押权可以依附于一个或者多个债权，其数量是不确定的，不随某个债权消灭而消灭，部分债权并不能影响最高额抵押权。其二，担保的金额是否确定。一般抵押权是对已经发生的债权进行担保，此时的债权金额是确定的，而最高额抵押权是对未来将要发生的债权进行担保，担保金额具有不确定性，只要在最高额抵押范围内均可。其三，能否随主债权进行转移，依据《民法典》第四百零七条、第四百二十一条相关规定，除当事人另有约定外，一般抵押权不能单独转让，可随债权一并转让；最高额抵押担保的债权在确定前，部分债权转让的，最高额抵押权不得转让。

（四）解析不动产抵押登记的效力

不动产抵押自登记时设立。登记的不动产抵押权人享有优先受偿权，抵押权都进行登记的依据登记的顺位进行受偿。案涉幸福家园 101 号房产进行拍卖变卖后，银行为第一顺位的抵押权人，银行享有优先受偿权的前提是对案涉幸福家园 101 号房产进行了抵押登记。由此可见，不动产的抵押登记尤为重要且必要，当所持债权涉及不动产抵押时，切莫忘记要及时向有关机关申请办理抵押登记。

（五）解析迟延履行金

依据被执行人迟延履行的对象不同，可将迟延履行金分为金钱给付义务迟延履行金及非金钱给付义务迟延履行金。金钱给付义务的迟延履行金是指被执行人迟延履行的对象是以货币形式表现的一定数额的金钱，而非金钱给付义务的迟延履行金是指货币以外的其他判决、裁定或其他法律文书确定的法定义务，如返还原物、恢复原状等行为。

迟延履行金具有三大特征，即司法强制性、补偿性、赔偿性。迟延履行金属于人民法院执行权调控的范畴，是促使被执行人自觉履行民事判决、裁定等法律文书义务的强制执行措施，本质在于督促被执行人积极履行义务。

## 普法提示

（一）抵押方式可选择，适合自身最为宜

最高额抵押常常出现在生产经营中。企业、公司与金融机构之间存在多笔借款往来的情况下，办理最高额抵押更高效便捷。最高额抵押是对未来将要发生的债权的一种担保方式，在未来的一段时间内无论借款次数的多少，只要不超出担保上限，仅办理一次最高额抵押登记即可。相比之下，如果存在多笔借款的可能性时，一般抵押在每笔借款前都要签订借款合同，办理抵押登记，且登记程序烦琐复杂，反而会增加借贷成本，降低资金流转的效率。

如果仅是偶然一次借款，那么一般抵押就足矣。当事人还是应当根据自身需要选择适宜的担保方式。

（二）不动产抵押需登记，范围明确益债权

以登记作为公示方式的不动产担保物权的担保范围，抵押物优先受偿的范围一般是以登记为限。案涉幸福家园 101 号房产即是以抵押登记的顺序来判定优先受偿权的。虽然各地登记机关关于抵押登记的制度略有不同，但是，为了确保债权得以顺利实现，首先，当事人应在签订的合同中对抵押物优先受偿的范围进行明确，如本金、利息、实现债权的必要支出等；其次，在登记机关登记备案许可的前提下，进行登记备案时不仅要写清债权优先受偿的具体数额，还要对担保范围进行明确，这样更有利于债权得到有效保护。

（三）债务履行要及时，迟延利息损失大

最后，也特别提醒债务人，应当如约履行还款义务，即便等到涉诉、裁判，最后进入执行阶段，也仍然要积极履行生效法律文书确定的还款义务，否则，对于迟延履行期间的债务利息，是要加倍计算的。如果本金较高或欠款较久，那么，迟延履行期间的债务利息可是一笔不小的负担。

案例三 | ## 主债权纠纷胜诉后能否另诉行使抵押权？
——抵押权行使期间的认定

孙兆晖[①] 张翼[②]

## 案情回顾

2013年8月7日，华安公司欠付永联公司400万元搬迁补偿款。为担保债务履行，华安公司法定代表人的妻子张玉以名下房屋设定抵押，并办理抵押登记。

2014年6月，永联公司以华安公司未偿还搬迁补偿款为由，向法院提起诉讼，要求华安公司还款，获法院判决支持。2015年8月，永联公司依据上述判决对华安公司提出强制执行申请，但未获清偿。2017年7月，永联公司又对抵押人张玉提起诉讼，要求对华安公司欠付的400万元款项，就拍卖、变卖张玉提供的抵押物所得价款优先受偿。张玉辩称，永联公司起诉要求华安公司还款的判决已生效，并进入强制执行程序，永联公司超期行使抵押权，法院应驳回其诉讼请求。

一审法院以主债权纠纷已审结、债权人未在主债权诉讼时效期间行使抵押权为由，判决驳回诉讼请求。永联公司不服原判并提起上诉。二审法院认为，债权人永联公司是房屋抵押权人，应在主债权的诉讼时效期间内行使抵押权。永联公司起诉要求华安公司还款的判决已生效，且永联公司已提出强制执行申请，主债权的诉讼时效期间中断而非届满，永联公司仍有权起诉抵押人张玉要求行使抵押权，故二审改判支持永联公司关于行使抵押权的诉讼请求。

---

① 北京市第二中级人民法院民三庭副庭长。
② 北京市第二中级人民法院民三庭法官助理。

原《物权法》（已失效）第二百零二条规定："抵押权人应当在主债权诉讼时效期间行使抵押权；未行使的，人民法院不予保护。"①上述案例中，争议焦点为债权人能否在法院判决支持主债权后另行起诉抵押人要求行使抵押权。永联公司对华安公司享有的主债权已得到生效民事判决的支持，现永联公司在本案中要求行使房屋抵押权，应审查本案是否属于法院不予保护的"未在主债权诉讼时效期间行使抵押权"情形。

## ⚖ 法理分析

债权人能否在主债权纠纷胜诉后另诉行使抵押权，前述案例中，一审判决和二审判决分别代表了两种不同的典型观点。第一种观点认为：对主债权提起诉讼主张权利，但未一并主张抵押权，在作出判决后，债权人才又提起诉讼主张优先受偿权，因此债权人行使抵押权是在主债权诉讼时效期间届满之后，法院不应予以支持。第二种观点则认为：债权人另诉要求行使抵押权，并非在主债权诉讼时效期间届满之后，抵押权不因债权人对主债权提起诉讼而消灭，故法院应当支持行使抵押权。笔者同意第二种观点的结论，下面从两个方面进行具体分析，一是关于抵押权行使期间的限制方式，二是关于主债权诉讼对主债权诉讼时效和抵押权行使期间的影响。

### （一）抵押权的行使期间

关于抵押权的行使期间，我国法律和司法解释进行过不同的规定。抵押权的设立目的，是抵押权人通过支配抵押物的交换价值，确保债权的实现。②2000年12月施行的《担保法解释》第十二条规定："当事人约定的或者登记部门要求登记的担保期间，对担保物权的存续不具有法律约束力。担保物权所担保的债权的诉讼时效结束后，担保权人在诉讼时效结束后的

---

① 《民法典》第四百一十九条亦作了相同规定。
② 王利明：《物权法研究》，中国人民大学出版社2016年版，第1151页。

二年内行使担保物权的，人民法院应当予以支持。"从上述规定可知，按物权法定原则，抵押权、质权等担保物权的存续和行使期间应由法律规定，当事人之间的约定和登记部门的要求，均不影响该期间。该司法解释规定的担保物权行使期间可延续至"主债权诉讼时效结束后两年"。2007年施行的《物权法》第二百零二条改变了担保法司法解释规定的抵押权行使期间，将其缩短至"主债权诉讼时效期间"。①

为抵押权的行使设置期间限制，并将抵押权行使期间确定为主债权的诉讼时效期间，相关法理依据如下：一是尽快稳定民事关系，即督促权利人积极行使抵押权，尽快了结债权债务关系。二是平衡利益，避免因抵押权的长期存在导致抵押人对抵押物的使用、收益和处分权能受到限制，并避免抵押人错过利用抵押物进行再融资的机会。三是避免"追偿困境"，在主债权已逾诉讼时效期间的情况下，主债务人取得时效抗辩权，而若允许抵押权长期存在，则抵押人在承担担保责任后向主债务人追偿将产生难题。即若支持其追偿，则诉讼时效制度被变相突破；若不支持，则抵押人实际承担了比主债务人更重的责任。四是增强经济效益，尽快消除抵押物上的负担以促进抵押物的流通，使物的使用价值和价值得到更充分的发挥。五是实现担保物权法律体系的自洽性。我国《担保法》与《物权法》均明确担保物权的从属性，故抵押权附随于主债权诉讼时效得以行使，符合抵押权从属于主债权的法律构架。②

抵押权行使期间与主债权的诉讼时效期间等长，应当依照主债权的诉讼时效期间判断抵押权行使期间。主债权诉讼时效中止、中断等事由，直接影响诉讼时效是否届满，进而影响抵押权行使期间是否届满。

特别需要指出，承认主债权诉讼时效中断事由对抵押权行使期间的影响力，更契合抵押权的设立目的。首先，因诉讼时效尚未届满或完成，故采此观点不会产生追偿困境，也不会导致抵押人产生预期之外的债务风险，亦与

---

① 《民法典》第四百一十九条作了相同规定。

② 孙超：《论抵押期间的立法价值与法律效力》，载《内蒙古社会科学》2010年第1期。

抵押权的从属性相符。其次，主债权诉讼时效中断虽可能导致诉讼时效期间超过3年，然而，在主债权人并未怠于行使权利的情况下，将主债权诉讼时效的中断纳入抵押权行使期间的考量因素内加以认定，有助于更好地实现抵押权的设立目的，平衡抵押权人与抵押人的利益。

（二）主债权诉讼对诉讼时效期间的影响

根据诉讼时效制度，债权人如果没有在诉讼时效期间内要求债务人履行债务，债务人获得诉讼时效抗辩权，债权人则丧失胜诉权，也就是说，债权人起诉要求债务人履行债务的，法院不予支持。因此，诉讼时效制度的关键是对诉讼时效期间的状态进行判断，判断内容主要为期间何时起算，应否中止、中断、延长，何时届满等。前述案例中，债权人已就主债权纠纷取得了生效的胜诉判决，此时主债权诉讼时效期间处于何种状态，存在不同观点，这也导致判断抵押权行使期间是否届满的结论不同。

观点一是诉讼时效结束。持此观点者认为，诉讼时效制度适用的客体是债权请求权，当生效判决已对主债权作出最终确认时，债权人的债权请求权已经消灭，故诉讼时效自此结束，抵押权行使期间也已超过，债权人不能再行使抵押权。前述案例中一审判决即采此观点。

观点二是诉讼时效期间届满。持此观点者认为，诉讼时效制度的重要功能在于督促债权人尽快行使债权，法院对主债权诉讼作出生效裁判，意味着诉讼时效的功能已实现，诉讼时效期间已届满。其后申请强制执行的行为应适用民事诉讼法关于"申请执行时效"的规定。"申请执行时效"在中止、中断方面虽类比适用诉讼时效制度规则，但申请执行时效不同于诉讼时效，债权人不能在申请执行时效期间内行使抵押权。

观点三是诉讼时效中断。持此观点者认为，主债权诉讼时效因起诉而中断。此观点从广义的诉讼时效理论出发，认为诉讼时效的效力在于诉讼时效期间内，债权人的债权受法院强制力保护，而法院强制力保护既包括裁判，也包括执行。故债权经生效裁判确认后，诉讼时效的效力并未完结，其还在强制执行过程中继续存在，在此期间内可适用关于时效中断的相关规定。[①]只要诉讼时效期间未届满，债权人就可以行使抵押权。

第三种观点的法律依据和法理基础更加充分，理由如下：

首先，诉讼时效因起诉而中断，具有法律依据。根据《民法典》第一百九十五条规定，诉讼时效中断的事由包括权利人提起诉讼或者申请仲裁，也包括与提起诉讼或者申请仲裁具有同等效力的其他情形。诉讼时效期间从中断、有关程序终结时起重新计算。根据《最高人民法院关于审理民事案件适用诉讼时效制度若干问题的规定》第十一条规定，申请强制执行与提起诉讼具有同等的诉讼时效中断的效力。据此，主债权诉讼或仲裁的提起、申请执行均是时效的法定中断事由。

其次，从诉讼时效制度的功能角度考虑，起诉应为诉讼时效的中断事由。设立诉讼时效制度，一是旨在促使权利人尽早行使权利，对"眠于权利之上的人"不予保护；二是旨在保护债务人，避免因时日久远，举证困难，导致债务人遭受不利益；三是旨在尊重现存秩序，维护法律平和；四是旨在简化法律关系，减轻法院负担。[②]债权人起诉后，诉讼时效制度已发挥督促权利人行使权利的作用；债务人也已开始进行应诉准备；司法审查程序已被启动，权利义务关系也进入被厘清、保护的过程中。此时超期主张权利的不利后果已被避免，诉讼时效制度的功能得以实现。诉讼时效制度施加于债权人身上的约束、不利因素应被消除。主债权不再受诉讼时效约束，依托主债权诉讼时效期间而设定的抵押权行使期间限制不复存在，债权人行使抵押权也应受法院保护。

再次，从公平角度考虑，应以起诉为时效中断事由。若债权人未起诉，则其诉权受三年诉讼时效保护，且该时效还可能因法定的中止、中断事由而实际超出三年。相反，债权人提起诉讼、申请仲裁或申请强制执行，就是希望通过法院或仲裁机构对其权利加以确认和保护，债权人并未怠于行使自身

---

① 最高人民法院民事审判第二庭：《最高人民法院关于民事案件诉讼时效司法解释理解与适用》，人民法院出版社 2015 年版，第 240 页。

② 王泽鉴：《民法总则》，中国政法大学出版社 2001 年版，第 517 页。

权利，而是在积极行使权利，但其却因积极行使权利的行为导致诉讼时效期间届满，其债权保护期反而短于未起诉情形，显失公平。

最后，从债权与抵押权的主从关系看，主债权经生效判决支持后抵押权仍应受法院保护。抵押权是从属于主债权的从权利，主债权因超过诉讼时效期间而丧失胜诉权和强制执行力的，法院对作为从权利的抵押权也不再保护，防止对主权利和从权利的保护失衡以及出现抵押人追偿困境。但是，主债权经生效判决支持的法律效果不同于主债权诉讼时效期间届满。主债权经生效判决支持后，该债权并非丧失胜诉权，而是实现胜诉权；其并非丧失强制执行力，而是取得强制执行的依据。因此，不能认为主债权判决后另诉行使抵押权属"未在主债权诉讼时效期间行使抵押权"，不能因主债权经生效判决支持而认为抵押权不再受法院保护。

应当指出，根据《最高人民法院关于适用〈中华人民共和国民法典〉有关担保制度的解释》第四十四条规定，主债权诉讼时效期间届满前，债权人仅对债务人提起诉讼，经人民法院判决或者调解后未在民事诉讼法规定的申请执行时效期间内对债务人申请强制执行，其向抵押人主张行使抵押权的，人民法院不予支持。

### 知识拓展

抵押权行使期间不仅关系到债权人的债权实现，也关系到抵押人对抵押物的利用。抵押权是设定在抵押物上的负担，抵押权的行使期间过长，必将严重影响抵押物的价值和使用价值。主债权的诉讼时效因当事人就主债权起诉、申请强制执行而中断，诉讼时效期间重新计算，抵押权的行使期间随之一直存续。如果债权人不积极行使抵押权，抵押人将长期难以变现抵押物或再次设定抵押。为此，民事诉讼法上规定抵押人可以启动实现抵押权的特别程序，用于平衡保护抵押人的利益，提升抵押物流转效率。

根据《民事诉讼法》第一百九十六条规定，担保物权人以及其他有权请求实现担保物权的人均可申请实现担保物权。《最高人民法院关于适用〈中华人民共和国民事诉讼法〉的解释》第三百六十一条进而将"其他有权请求实现担保物权的人"具体化为抵押人、出质人、财产被留置的债务人或者所有权人等。法院受理抵押人提出的实现担保物权申请后，经审查，符合法律规定的，裁定拍卖、变卖担保财产，当事人依据该裁定可以向法院申请执行；不符合法律规定的，裁定驳回申请，当事人可以向法院提起诉讼。

上述非诉方式行使抵押权，与诉讼方式行使抵押权相比，程序启动人不限于抵押权人，还包括抵押人，而且程序更加简捷高效。权利人如故意拖延行使抵押权，可能导致逾期利息不断增加，且抵押物的价值也可能随着市场变化而发生波动。上述非诉方式行使抵押权的规则赋予抵押人高效的法律救济渠道，合理地平衡了抵押权人与抵押人之间的利益关系，抵押人可通过上述民事特别程序维护自身权益。

## 👆 普法提示

抵押权应当在主债权的诉讼时效期间内行使，抵押权行使期间以主债权诉讼时效期间为判断标准。起诉、申请强制执行等均为主债权诉讼时效中断的法定事由，因此，债权人有权在主债权纠纷胜诉后另诉行使抵押权。抵押人以主债权纠纷已审结为由主张债权人系在主债权诉讼时效期间届满后行使抵押权的，法院对该主张不予支持。在此，为充分保障债权人的合法权益，我们针对债权人或抵押权人作出以下普法提示：

一方面，债权人应当及时行使债权，并保留行使权利的证据。在债务履行期限届满后，债权人应及时要求债务人履行债务。债权人如果未能在诉讼时效期间内要求债务人履行债务，将无法通过诉讼方式实现债权。债权人也不能自恃享有抵押权便高枕无忧，因为诉讼时效期间届满后，抵押权行使期间同时届满，债权人原本享有的抵押权也将无法再行使。另一方面，债权人应尽量将债务人和抵押人作为共同被告提起诉讼。主债权纠纷胜诉后，债权人虽可另诉行使抵押权，但这将导致债权人的诉讼成本增加，也使抵押物灭失、贬值的风险增大，不利于妥善保障债权人的利益。

案例四

# 金融机构如何审查才能善意取得不动产抵押权

## ——解析《民法典》第三百三十一条中不动产抵押权的善意取得

石磊① 姜源②

现实生活中，出于家庭内部资产安排或者规避贷款、限购政策等的需要，存在共同共有房屋仅登记在一方名下或者借名买房的情形。在该情形下，房屋的登记权利人有可能以房屋为抵押向金融机构寻求融资，金融机构在审查时应当尽到何种注意义务方能构成抵押权的善意取得呢？

## 案情回顾

### （一）借名买房更名难，起诉方知被抵押

王伦是梁山公司的法定代表人。2002 年，梁山公司委托王伦以个人名义申请商业贷款购买涉案房屋，因购买涉案房屋发生的相应费用均由梁山公司负担，梁山公司拥有涉案房屋的产权及使用权。2006 年，涉案房屋产权初始登记在王伦名下，王伦再次书面确认涉案房屋实际系梁山公司出资购买的房产，该房屋产权归梁山公司所有。

事实上，涉案房屋一直由梁山公司用于办公，但后来由于找不到王伦，无法更名，2014 年 8 月，梁山公司的监事马麟以损害公司利益责任纠纷为由起诉王伦等要求将梁山公司购买的涉案房屋更名到梁山公司名下。2017 年 6 月 20 日，一审法院作出一审判决，后该案被二审法院发回重审，发回重审后，马麟自行撤诉。2018 年 6 月，梁山公司以物权确认纠纷为由起诉王伦，要求确认涉案房屋归其所有。2018 年 9 月，生效判决认定上述房屋归梁山公司所有。梁山公司在物权确认纠纷中申请保全，却发现保全查封前涉案房屋已被

---

① 北京市第二中级人民法院民三庭法官。
② 北京市第二中级人民法院民三庭法官助理。

王伦抵押给大贵公司。梁山公司知悉后与大贵公司交涉表示房屋归梁山公司所有，要求解除抵押，大贵公司表示应当由王伦偿还款项后再解押。

为保护自身权益，梁山公司向一审法院起诉：1. 要求确认王伦与大贵公司订立的《主债权及不动产抵押合同》无效；2. 要求王伦与大贵公司办理涉案房屋的抵押权注销手续。

大贵公司辩称，大贵公司与王伦订立的《主债权及不动产抵押合同》合法有效，涉案房屋登记在王伦名下，大贵公司系善意取得抵押权，大贵公司享有抵押权。

王伦辩称，大贵公司与王伦订立的《主债权及不动产抵押合同》合法有效。王伦如实告知了大贵中介公司涉案房屋登记在王伦名下，款项是梁山公司支付的事实。但是并未与大贵中介公司最终签订合同，未告知大贵公司相关情况。

（二）多轮抵押为融资，有证在手奈我何

原来，王伦为融资早已多次以涉案房屋向个人或者金融机构抵押融资。在梁山公司还完银行商业贷款后，2017 年王伦将房屋抵押给个人借款 340 万元，后注销抵押登记。2018 年 5 月 22 日，王伦将涉案房屋抵押给大富公司借款 390 万元，债务履行期限 12 个月。梁山公司发现后，与大富公司进行交涉，告知涉案房屋归梁山公司所有。2018 年 6 月 20 日，因担保的主债权已消灭，故王伦与大富公司办理了抵押权注销登记。

2018 年 6 月 14 日，大贵公司与王伦签订《抵押保证借款合同》，王伦向大贵公司借款 400 万元，借款用途为投资，期限自 2018 年 6 月 14 日至 2019 年 6 月 14 日。2018 年 6 月 21 日，王伦与大贵公司签订《主债权及不动产抵押合同》并于同日办理了抵押权登记，设定抵押权所担保的主债权数额为 400 万元，债务履行期限自 2018 年 6 月 14 日至 2019 年 6 月 13 日。2018 年 6 月 21 日，大贵公司向王伦转账 400 万元。

（三）一审无证显关联，初判金融机构胜

一方面，由于王伦与大贵公司签订的合同不存在民事法律行为无效的情形，故梁山公司主张合同无效没有法律依据；另一方面，关于大贵公司是否是善意取得，根据相关规定，真实权利人主张受让人不构成善意的，应当承担举证证明责任。现梁山公司未提供充足、有效的证据证明大贵公司在与王伦签订《主债权及不动产抵押合同》时有重大过失，故一审法院认定大贵公司善意取得抵押权，判决驳回梁山公司的诉讼请求。

（四）二审新证现端倪，审查不严难言善

梁山公司不服提起上诉。二审中，梁山公司提供了电话录音等新证据，经审理查明，原来大贵公司为开展业务，委托大贵中介公司寻找潜在合适的借款人，并进行贷款管理，双方约定大贵中介公司不仅需要审核抵押物是否符合约定的准入条件，还需要审核借款人是否符合约定的借款条件。王伦系大贵中介公司审核发放的贷款。

对于贷款的审核，大贵公司主张大贵中介公司已经尽到了合理的审查义务，具体审查了王伦的身份信息、婚姻状况、个人信用、涉案房屋产权等，并与王伦于2018年6月14日进行了面谈。

从面谈笔录看，王伦告知大贵公司房屋现状不存在个人租住或者公司租赁，不存在抵押。贷款系用于投资。但事实上面谈当日涉案房屋尚处于对大富公司的抵押状态，贷款用途为投资却并未要求王伦提供其拟投资的合同等文件予以审查。从王伦的个人信用看，王伦存在3个账户逾期记录，最长逾期5个月，最长透支7个月。

二审庭审中，大贵公司还表示曾经实地审查了涉案房屋的现状，但是找不到留存照片。而梁山公司与大贵公司交涉的电话录音显示，大贵公司的客服人员曾表示大贵公司与王伦的借款系从大富公司转来，系统里有涉案房屋的照片，是用于住宅，梁山公司告知房屋只用于办公，相关照片是假的。王伦认可涉案房屋一直用于办公，表示曾告知大贵公司涉案房屋登记在自己名下，但是梁山公司出资购买，但是没有告知大贵公司。

从上述事实看，本案的核心是大贵公司是否构成善意取得。二审法院审理认为，善意标准具有主观性，在具体案件中应当结合案情进行认定。综合考虑大贵公司委托大贵中介公司审查贷款，而大贵中介公司在审查中对王伦个人信用审核不严、王伦曾告知大贵中介公司涉案房屋实际系梁山公司出资、大贵中介公司知悉贷款系由大富公司未满一月转来、审查房屋现状可能造假等因素，二审法院认为大贵公司在接受涉案房屋作为抵押物时没有尽到审慎的合理注意义务，具有重大过失，没有达到善意标准，改判王伦与大贵公司于判决生效之日注销抵押登记，驳回梁山公司其他诉讼请求。

## ⚖ 法理分析

善意取得，是指财产占有人无权处分其占有的财产，如果他将该财产转让给第三人，受让人取得该财产时出于善意，则受让人将依法即时取得对该财产的所有权或其他物权。①

《民法典》第三百一十一条规定了善意取得的具体构成要件，其规定："无处分权人将不动产或者动产转让给受让人的，所有权人有权追回；除法律另有规定外，符合下列情形的，受让人取得该不动产或者动产的所有权：（一）受让人受让该不动产或者动产时是善意；（二）以合理的价格转让；（三）转让的不动产或者动产依照法律规定应当登记的已经登记，不需要登记的已经交付给受让人。受让人依照前款规定取得不动产或者动产的所有权的，原所有权人有权向无处分权人请求损害赔偿。当事人善意取得其他物权的，参照适用前两款规定。"在善意取得的规范要件中，在适用上最为首要的就是"善意"的认定问题，这也是本案例牵涉的问题，即大贵公司在取得抵押权时是否善意？

（一）"善意"的一般认定标准

善意是对行为人主观状态的一种判断。民法意义上的善意通常是指行为

---

① 最高人民法院物权法研究小组编著：《中华人民共和国物权法条文理解与适用》，人民法院出版社2007年版，第327页。

人从事民事行为时，认为其行为合法，或者认为相对方具有合法权利、行为合法的一种心理状态。对于受让人"善意"与否的法律判断，必须有具体的衡量标准，为统一司法适用，《最高人民法院关于适用〈中华人民共和国民法典〉物权编的解释（一）》（以下简称《民法典物权编司法解释》）第十四条至第十六条①构筑了对"善意"的正反两方面认定标准，并在一般标准下区分不动产和动产。其中第十四条第一款作为一般标准，规定："受让人受让不动产或者动产时，不知道转让人无处分权，且无重大过失的，应当认定受让人为善意。"

从第十四条第一款的规定看，判断受让人的"善意"标准包含两方面的内容，一是从客观方面看，受让人应当对转让人系无处分权人的事实并不知情；二是从主观方面看，受让人对不知道转让人无处分权无重大过失。对于重大过失的认定，通常是以行为人欠缺一般人具有的注意为判断标准，排除了一般过失和轻过失的情形。其中对于不动产而言，《民法典物权编司法解释》第十五条进一步列举了认定不动产受让人知道转让人无处分权的情形。

我国之所以采用这一"善意"的认定标准，是出于两方面的考虑，一方面，从物权体系上的解释看，法律对不动产登记并未规定绝对的公信力，而是一种推定效力，在当事人有证据证明不动产登记簿的记载与真实权利状态不符，其为该不动产物权的真实权利人的，真实权利人可以请求确认其享有物权。另一方面，从我国不动产物权登记现状考虑，目前不动产登记仍然处于不完善的状态，故未将"善意"的标准像德国民法典一样限定在第三人"不知"的主观状态，而是相应地提高至第三人对该"不知"亦不负有重大过失的条件，从而平衡各方当事人的利益。

（二）第三人"善意"与否的举证责任分配

交易第三人"善意"有了一般认定标准，仍然需要解决举证责任分配的

---

① 原《最高人民法院关于适用〈中华人民共和国物权法〉若干问题的解释（一）》第十五条至第十七条。

问题，即确定由谁来证明交易第三人"善意"与否。

从善意取得的发端来源看，善意取得制度是基于现代社会交易市场发展的需要，对于权属表征外观与实际权益归属不一致的情形，在财产权属的静态保护与财产交易安全动态保护之间进行法律利益衡量，进而决定对占有或者登记所表彰的权利进行保护，从而维护市场交易安全，降低交易成本的一种选择。

对于不动产而言，不动产以登记为权利归属和状态公示的方式，在促进交易的立法选择下，自然就强调对不动产登记簿的信赖保护，故第三人只要相信登记这一不动产权利公示的正确性，并根据公示状态进行交易，应直接推定其为善意。基于这样的保护，故《民法典物权编司法解释》第十四条第二款规定："真实权利人主张受让人不构成善意的，应当承担举证证明责任。"第十五条第二款规定："真实权利人有证据证明不动产受让人应当知道转让人无处分权的，应当认定受让人具有重大过失。"根据这一条款的规定，无论是受让人在诉讼中的主体地位是原告还是被告，只要其信赖了登记进行了交易，受让人"非善意"的举证责任均在真实权利人。

事实上，前述案例中一审、二审对于"善意"的举证责任分配是一致的，均是由梁山公司这一真实权利人来承担，只是由于梁山公司在二审中提供的新证据足以证明大贵公司不构成"善意"，二审法院才依法予以改判。

（三）第三人为金融机构时"善意"的认定

重大过失的认定以未尽必要的义务为前提。对于重大过失的认定，并非要求受让人必须对登记是否存在错误进行无止境的调查核实，而是应根据具体案件的一些客观情况，如受让人与转让人的关系、占有和交付情况等，区分不同情形，分别加以具体认定。

对于一般人而言，在信赖不动产登记簿的情况下，受让人只要尽到一般人通常情况下起码的注意义务即可构成善意。但是对于金融机构而言，应当能够认识到真实的物权状态可能与物权公示状态存在差别，对于物权状态的审查不能仅仅依赖物权公示状态。而且根据《银行业监督管理法》第二条和

第二十一条第三款的规定，银行业金融机构和经国务院银行业监督管理机构批准设立的其他金融机构应当严格遵守审慎经营规则。换言之，相关金融机构在业务开展中具有相应的审慎审核义务。在审核相关抵押贷款时，金融机构是否按流程要求进行了审核，是否尽到了合理的注意义务，是判断其是否构成重大过失进而构成"非善意"的标准。

从行业监管规范看，《个人贷款管理暂行办法》对银行业金融机构从事个人贷款业务行为进行规定，大贵公司作为受银行业监督管理部门监管的机构，应当按照《个人贷款管理暂行办法》审慎规范个人贷款业务。从规范的内容上看，《个人贷款管理暂行办法》要求贷款人不得发放无指定用途的个人贷款，并对贷款各环节提出相应业务要求。

在受理和调查环节，要求贷款用途要明确合法，贷款人受理借款人贷款申请后，应履行尽职调查职责，对个人贷款申请内容和相关情况的真实性、准确性、完整性进行调查核实，形成调查评价意见；贷款调查应以实地调查为主、间接调查为辅，采取现场核实、电话查问以及信息咨询等途径和方法；并要求贷款人不得将贷款调查的全部事项委托第三方完成。在协议与发放环节，要求按合同约定办理抵押物登记的，贷款人应当参与。贷款人委托第三方办理的，应对抵押物登记情况予以核实。在支付管理环节，要求以受托支付为主，自主支付为例外，并对自主支付情形进行规定，仅限于借款人无法事先确定具体交易对象且金额不超过30万元人民币的；借款人交易对象不具备条件有效使用非现金结算方式的；贷款资金用于生产经营且金额不超过50万元人民币的；法律法规规定的其他情形的四类具体情形。

以前述案例为例，大贵公司委托大贵中介公司进行贷款审核，从相关证据看，大贵公司实际违反了《个人贷款管理暂行办法》的要求将贷款调查的全部事项委托大贵中介公司完成。而在具体审核过程中，大贵中介公司看似对王伦的个人资信状况、房产情况、婚姻情况进行了形式审核，但是实际上并未尽到合理的审核义务，具体表现在：

首先，从贷款用途本身审核上，王伦的借款申请用途仅为投资，无具体的投资描述，更未提供与贷款目的相关的任何材料，实际上大贵公司忽视贷款具体用途，违反了《个人贷款管理暂行办法》对贷款用途"明确"的具体要求。

其次，在尽职调查环节，其一，王伦个人信用报告的瑕疵，王伦告知大贵中介公司涉案房屋登记在王伦名下，但是实际出资是公司等异常情况本应引起大贵中介公司的高度注意，但是大贵中介公司并未予以审慎注意；其二，大贵中介公司知悉王伦该笔借款系自大富公司转贷而来，只要查询涉案房屋的不动产抵押登记信息即可发现，王伦面谈当日房屋尚处于大富公司抵押中，王伦与大富公司之间的债权本有12个月的履行期限，却在不到一个月的时间即终止履行转贷至大贵公司，但是大贵中介公司并未予以查询；其三，涉案房屋系办公用房，大贵公司主张大贵中介公司曾经入户实地调查并且拍摄有照片，相关电话录音中也已经表明其在系统中能够看到涉案房屋是家居用房的照片，以上均表明这些照片是客观存在的，并且极有可能存在造假，但是大贵公司在庭审中却未能提供相关材料。

最后，在支付管理环节，大贵公司直接将400万元借款支付给王伦，并未采用《个人贷款管理暂行办法》要求的委托支付方式，致使贷款一经支付，贷款人即无法保障贷款安全。

综合上述因素，可以认定大贵中介公司的审核贷款存在明显瑕疵，未尽到其审慎的合理注意义务，相关风险应由委托人大贵公司承担，故二审法院最终认定大贵公司构成重大过失，不构成善意取得。

## 知识拓展

（一）无权处分所订立抵押权合同的效力

《民法典》第二百一十五条规定："当事人之间订立有关设立、变更、转让和消灭不动产物权的合同，除法律另有规定或者当事人另有约定外，自合同成立时生效；未办理物权登记的，不影响合同效力。"该规定区分了"原因行为与物权变动结果"，即负担行为和处分行为两者独立存在。以本案为例，由于抵押人无处分权，抵押权人亦因"非善意"而无法善意取得抵押权，但是就抵押权合同这一负担行为而言，并不因抵押人无权处分而无效，合同的效力要适用关于合同无效或者可撤销的规定进行处理。如果不存在相应的情形，则合同合法有效，抵押权人可以依据有效的合同请求抵押人承担违约责任，只是不能对抵押物享有优先受偿权。

这一认识还牵涉到对原《合同法》第五十一条（《民法典》已经将该条文删除）规定的理解，该条规定："无处分权的人处分他人财产，经权利人追认或者无处分权的人订立合同后取得处分权的，该合同有效。"通说认为该条款中所指"处分"和"合同"，实际上仅指处分行为即标的物之物权的转移变更，而不包括负担行为即处分合同在内。[①] 所以抵押权合同本身的效力并不受合同当事人是否有处分权影响。

### （二）不动产抵押权设立的要件

根据《民法典》第四百条的规定，设立抵押权，当事人应当采用书面形式订立抵押合同。但是对于不动产抵押权而言，签订书面抵押权合同仅是第一步，合同签订后，抵押权本身并未设立。根据《民法典》第四百零二条的规定，抵押权自登记时设立。这也就意味着要设立抵押权必须尽快在抵押合同签订后向有关部门申请办理抵押登记，如果未予以依法登记，当事人难以获得优先受偿的物权保护。

### 🖐 普法提示

根据本案例的审理过程，我们可以得到以下三点启示。

### （一）借名买房有风险，名实相符心更安

对于借名人而言，在采用借名形式购买房屋等不动产时，要充分认识到

---

① 最高人民法院民事审判第二庭编著：《最高人民法院关于买卖合同司法解释理解与适用》，人民法院出版社 2016 年版，第 79 页。

借名买房存在的风险。现实中，借名买房人往往误认为只要出名人可信赖且自己手握房产证就能保障自己的权益。但事实上，出名人作为登记权利人，可以通过挂失等方式办理新的产权证，一旦出名人违背信义，将房屋出卖、抵押等，第三人如果系出于善意，借名人的权益将难以得到物权保障。只有保持物权权属名实相符，权利人才能得到最优保护。

（二）求财有道莫背信，侥幸难成责自担

对于出名人而言，应当遵循与借名人之间的约定，如果出名人违反约定擅自将房屋出卖或者抵押等，其应当按照约定向借名人承担违约责任。此外，如果出名人将房屋用以抵押借款，虽然第三人在构成善意取得时可以取得抵押权，但是出名人作为借款人仍然是债务人，无论抵押权成立与否，出名人作为借款人均需向出借人承担还款责任，不会因抵押权的成立而逃避还款义务。

（三）审慎经营非空话，合理放贷为实体

对于金融机构而言，应当遵循金融服务于实体经济的要求，不能为追求业务规模而放弃对借款人的资质和抵押财产审核。作为从事金融贷款业务并以房屋抵押作为常规担保手段的金融机构，对于接受房屋作为抵押物可能存在的风险具有不同于一般社会公众的预见性和经验，具备高于一般社会公众的甄别能力。如果说一般社会公众对于物权公示状态持有合理信任，符合一般社会公众的正常认知，但对于金融机构而言，其应当能够认识到真实的物权状态可能与物权公示状态存在差别，对于物权状态的审查不能仅仅依赖物权公示状态，对于存在相应疑点的材料，金融机构应当尽到审慎的合理注意义务，不能形式化审核，不当放大放贷风险。

案例五　**抵押权可否与债权分离作为其他债权的担保？**
　　　　　——抵押权与主债权、抵押合同与主合同的关系

钱丽红① 牛晓煜②

　　随着市场经济的发展，人民群众自主创业的积极性空前高涨，市场上对资金的需求也越来越多，直接刺激了民间借贷数量和规模不断增大。现实生活中，民间借贷行为多发生于存在各种社会关系的自然人之间，由于缺乏对相关法律知识的深刻认识和理解，在借贷形式和债权保护上往往表现出一定的简单性和随意性，容易事后发生纠纷，合法权益得不到法律保护。本部分要分析的抵押合同纠纷案就发生在借款人李元元和出借人武方方之间。

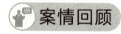 **案情回顾**

（一）案件基本事实

　　2016 年 12 月 26 日，李元元（借款人、抵押人）与武方方（出借人、抵押权人）签订了《主债权及不动产抵押合同》，合同约定，李元元从武方方处借款 155 万元，借期为一个月，并以李元元名下房屋设定抵押作为债务担保。后双方办理了抵押登记。

　　同日，李元元（借款人）与案外人吴常常（出借人）签订《借款合同》，约定李元元向吴常常借款 150 万元，借期为 7 个工作日，月利率为 2%。当日，吴常常向李元元汇款 150 万元。

　　现李元元以武方方未向其实际支付借款为由向法院起诉请求判令武方方配合办理抵押房屋的注销抵押登记手续。

---

① 北京市第二中级人民法院民三庭法官。
② 北京市第二中级人民法院民三庭法官助理。

（二）案件审理过程

一审中，李元元主张其与武方方在签订《主债权及不动产抵押合同》后，武方方并未向其实际支付借款。武方方辩称，本来双方合意就不是武方方向李元元出借款项，实际出借人是吴常常，其系受吴常常委托办理抵押登记手续。李元元不认可该主张。

一审法院认为，李元元与武方方签订的《主债权及不动产抵押合同》有效，武方方作为出借人负有放款义务，但武方方认可其未向李元元实际出借款项。涉案房产的抵押系李元元将该房产作为债权的担保，在其不履行还款义务时，武方方有权依照法律规定以该房产折价或者以拍卖、变卖该财产的价款优先受偿。关于武方方辩称实际出借人是吴常常，其系受吴常常委托办理抵押登记手续的主张，武方方也未提供证据加以证明，李元元对该主张亦不认可，且李元元和武方方的主债权金额、债务履行期限与李元元和吴常常之间的债权金额、债务履行期限等均不相同，不能认定为同一笔债权。故法院对该主张不予采信。现武方方并未履行出借款项的义务，导致其与李元元所签《主债权及不动产抵押合同》的合同目的不能实现。李元元有权要求武方方协助注销涉案房产抵押登记，李元元的诉讼请求于法有据，故判决支持了李元元的诉讼请求。

武方方不服一审判决，认为李元元、武方方签署的《主债权及不动产抵押合同》是李元元和吴常常签订的《借款合同》的从合同，武方方系接受案外人吴常常的委托办理抵押手续，吴常常是实际的债权人及抵押权人，抵押权与债权并没有产生实质上的分离，吴常常的利益应当予以保护。且李元元、武方方、吴常常三人相识，《主债权及不动产抵押合同》与《借款合同》系同日签订，李元元与吴常常之间存在真实的借贷关系，且李元元之所以配合办理涉案房屋抵押登记是为了担保吴常常对李元元债权的实现，在李元元的同意下，吴常常委托武方方与李元元在涉案房屋上设定抵押权并办理登记。依据常理与事实可以认定李元元完全知道借款及抵押的事实。故上诉要求撤销一审判决，发回重审或依法改判驳回李元元的一审诉讼请求。

二审法院审理认为，根据《中华人民共和国物权法》(以下简称《物权法》) 第一百七十九条、第一百九十二条的规定，债权是抵押权得以存在的基础，主债权人与抵押权人应当为同一主体。本案中，武方方与李元元签订《主债权及不动产抵押合同》后，双方办理了涉案房屋的抵押登记手续。但武方方并未向李元元出借款项，该合同项下主债权并未发生，抵押权应归于消灭，武方方应配合李元元办理涉案房屋的抵押登记注销手续。武方方上诉主张其与李元元所签《主债权及不动产抵押合同》系吴常常与李元元所签《借款合同》的从合同，吴常常为实际的债权人和抵押权人，其系接受吴常常的委托办理抵押登记，但其并未对此举证证明，李元元对此亦不予认可，武方方应承担举证不能的法律后果。且武方方、李元元签订的《主债权及不动产抵押合同》与吴常常、李元元签订的《借款合同》所涉借款的金额、履行期限等内容均不相同，两份合同不存在必要的关联性，武方方主张两份合同存在主从关系，没有合理依据，法院不予采纳。故武方方的上诉主张没有事实和法律依据，法院不予支持，故判决维持原判。

## ⚖ 法理分析

### (一) 借款合同与抵押合同的成立与生效

#### 1. 借款合同的生效

自然人之间签订了借款合同，当事人意思表示真实而且一致，当事人又都有完全的行为能力，那么该合同就一定生效吗？答案是否定的。自然人之间的借款合同属于典型的实践合同，该合同的生效除了要求意思表示一致、真实外，还要求交付标的物，即实际支付款项，只有实际交付了合同才生效，正是因为这个原因，《民法典》第六百七十九条规定，自然人之间的借款合同，自贷款人提供借款时生效。

本案中，李元元、武方方签署的《主债权及不动产抵押合同》中，同时包含了自然人借款合同的内容和抵押合同的内容，但由于没有实际交付标的物，即武方方没有实际向李元元提供借款，故《主债权及不动产抵押合同》中关于自然人借款的内容没有生效。

**2. 抵押权如何设立？**

《民法典》第三百八十八条规定，设立担保物权，应当依照本法和其他法律的规定订立担保合同。第四百条规定，设立抵押权，当事人应当采取书面形式订立抵押合同。因此，设立抵押权，应当按照法律规定的内容，签订书面的抵押合同。此外，根据《民法典》第四百零二条的规定，不动产抵押应当办理抵押登记，抵押权自登记时设立，故设立抵押权，除了应当依法签订书面合同外，还应当到相关部门办理登记。本案中，李元元、武方方签署了《主债权及不动产抵押合同》，并且办理了登记，故抵押权应当在登记时设立。

（二）借款合同与抵押合同有何关联

**1. 借款合同与抵押合同属于主从合同关系**

根据相互间的主从关系，合同可分为主合同和从合同。所谓主合同，就是那些不以其他合同的存在为前提，不受其他合同的制约，能够独立存在并且生效的合同，而从合同则必须以其他合同的存在为前提。有时候，从合同也被叫作"附属合同"。借款合同与为保障借款合同债权的实现所签订的抵押合同，就是典型的主从合同关系，抵押合同以借款合同的存在为前提，借款合同变更或者消灭，抵押合同原则上也随之变更或消灭。因此，《民法典》第三百八十八条规定，设立担保物权，应当依照本法和其他法律的规定订立担保合同。担保合同是主债权债务合同的从合同。主债权债务合同无效，担保合同无效，但法律另有规定的除外。

本案中，《主债权及不动产抵押合同》中作为主合同的自然人之间的借款合同没有生效，故作为从合同的担保合同也未生效，最终也导致抵押登记丧失了设立的基础，因此，李元元起诉要求武方方协助涂销抵押登记是有法律依据的。

**2. 抵押权不得与债权分离而单独转让或者作为其他债权的担保**

《民法典》第四百零七条规定，抵押权不得与债权分离而单独转让或者作为其他债权的担保。债权转让的，担保该债权的抵押权一并转让，但法律另有规定或者当事人另有约定的除外。

本案中，武方方上诉主张其与李元元所签《主债权及不动产抵押合同》系吴常常与李元元所签《借款合同》的从合同，吴常常为实际的债权人和抵押权人，其系接受吴常常的委托办理抵押登记。根据法律规定，当事人对自己提出的诉讼请求所依据的事实或者反驳对方诉讼请求所依据的事实有责任提供证据加以证明。没有证据或者证据不足以证明的，由负有举证责任的当事人承担不利后果。综合全案，并没有任何证据能证明吴常常委托武方方与李元元签订《主债权及不动产抵押合同》及办理抵押登记，不能认定该抵押权所担保的主债权是吴常常与李元元所签的《借款合同》。

更重要的是，根据抵押担保的从属性，抵押权不得与债权分离，单独作为其他债权的担保，故李元元与武方方签订的《主债权及不动产抵押合同》以及根据该合同登记设立的抵押权，不得与主债权分离，单独作为吴常常与李元元所签《借款合同》的担保。

另外，武方方上诉主张其与李元元所签《主债权及不动产抵押合同》系吴常常与李元元所签《借款合同》的从合同的主张也没有法律和事实依据。根据前面关于主从合同关系的论述，《主债权及不动产抵押合同》和《借款合同》所涉借款的金额、履行期限等内容均不相同，不存在附属和被附属的关系，因此，对于该项主张，法院不予支持。

### 💬 知识拓展

（一）关于抵押权的定义

《民法典》第三百九十四条规定，为担保债务的履行，债务人或者第三人不转移财产的占有，将该财产抵押给债权人的，债务人不履行到期债务或者发生当事人约定的实现抵押权的情形，债权人有权就该财产优先受偿。前款规定的债务人或者第三人为抵押人，债权人为抵押权人，提供担保的财产为抵押财产。

### 1. 抵押权的设定目的

抵押权的设定目的是为债权提供担保。当事人设定抵押的目的，是保障债权人的债权届期能够得以清偿。被担保的债权通常为合同之债，在合同之债中，可以抵押担保的多为金钱之债，或可以转化为金钱之债的其他债权，包括金钱借贷、买卖、货物运输、加工承揽等。

### 2. 抵押权的要件特征

抵押权以不转移抵押物之占有为要件特征。当债务人或第三人以特定财产提供抵押担保时，不以占有抵押物为要件，无须将抵押物交付抵押权人占有，这是抵押担保的最显著特征，符合"物尽其用"的物权法基本原则。因此，抵押担保体现出较强的优越性，就抵押人而言，由于不转移占有，其可以继续使用、收益、处分抵押物，可以充分发挥抵押物的用益价值；就债权人即抵押权人而言，亦可因此免去管理抵押物而发生的费用、劳动支出及承担抵押物灭失的风险。

### 3. 抵押的类型

抵押人可以是债务人或者第三人。由于设定抵押的抵押人既可以是主债务人，亦可为第三人，因此抵押基本可以区分为债务人抵押和第三人抵押两种基本类型。当主债权合同的债务人与债权人达成抵押合同将其自己的特定财产作抵押时，该主债务人即为抵押人。当债权人和主债务人之外的任何第三人依照法律与债权人缔结抵押合同以特定财产为其债权提供担保时，该第三人即为抵押人。

### 4. 抵押权的行使条件

抵押权的实行以债务人不履行到期债务或发生约定情形为要件。抵押权在担保过程中仅为一种可能性权利或者期待型权利。这种可能性必须以债务人到期不履行债务或者发生约定情形为其行使的前提条件。若抵押担保的债权到期得到完全清偿，则抵押权自行消灭，抵押权人不得再行使抵押权。应该注意的是，这里所指的不履行债务，应为不履行已届清偿期的债务，债务未届清偿期，债务人未履行的，抵押权人不得行使抵押权。债务人虽履行了债务，但其履行仅为部分履行，这时，抵押权人仍可行使抵押权，并就其未受清偿部分之债权从抵押物中优先受偿。同样，在当事人约定的实现抵押权的情形发生时，抵押权人自然可以行使抵押权。

**5. 抵押权的核心和实质**

优先受偿权是抵押权的核心和实质。在债务人届期不履行债务时，抵押权人可以抵押物折价或者从该抵押物的变价中优先于一般债权人而获得先位清偿。当抵押物的价值较大时，抵押权人行使抵押权后，若有剩余才能用于偿还其他债务；若没有剩余，则其他债权人就不能从该抵押物上取得价值。通常而言，抵押权的优先受偿的法律效力体现有二：其一，抵押权人对抵押物的变价有优先于无抵押权的债权人而获得清偿的权利；其二，在同一抵押物上存在数个抵押权时，登记在先的抵押权优先于登记在后的抵押权而获得优先受偿。

（二）抵押权的特性

在抵押法律关系中，抵押合同是抵押法律关系发生的原因，通过登记设定抵押权则是抵押合同履行的当然结果，并导致抵押权的得失变更，抵押权是抵押法律关系的核心。抵押权具有物权性、从属性、特定性、不可分性和物上代位性等典型特征。

1. 物权性。抵押权作为担保物权之一种，具有物权的一般属性：第一，支配性。抵押权侧重于抵押物的处分与收益，为确保债权的实现，抵押权人可以基于抵押权而直接处分抵押物。第二，排他性。抵押权原则上要求抵押物特定化，在抵押权实现之时，抵押物必须是特定的，以确定其价值。抵押权优先于普通债权而得到满足和实现。抵押权与其他担保物权并存时，则发生位次顺序的问题，即具有位次性。而且抵押权具有追及性，抵押权人可以追及抵押物的存在而行使其权利。第三，抵押权适用物权的保护方法。当抵押权受到第三人侵害时，抵押权人可以行使物上请求权，也可以要求侵害人赔偿。

2. 从属性。根据民法"从随主"原则，抵押权作为一种担保物权，自然属于从权利，其成立、消灭和处分必须以一定债权关系的存在为前提而且从属于该主债权。通常而言，抵押权的从属性基本包括三类：其一，"发生上的从属性"，即指抵押权的发生或成立以被担保债权的发生或成立为前提条件，如果被担保债权无效，则该抵押权随之无效；若被担保债权被溯及地撤销，则该抵押权也将溯及地丧失效力。其二，"处分上的从属性"，是指在被担保权发生转移时，该抵押权也随之发生转移。其三，"消灭上的从属性"，系指被担保债权全部或部分因清偿或其他原因而消灭时，该抵押权也将随之相应地消灭。

3. 特定性。抵押权的物权性决定抵押权必须具备特定性，通过登记等公示方式确定特定抵押物和担保债权的具体范围，以使抵押权的得失变更为外界所识别，以避免第三人遭受不测之害。抵押权的特定性主要有二：其一，抵押物必须特定。通常情况下，抵押物应当是现存的、特定的财产。在特定的条件下，将来可以确定取得的财产亦可成为抵押物。其二，被担保债权应当是特定的债权而不是泛指的一切债权，以此确定特定债权人的利益范围，并保护其他第三人的合法权益。

4. 不可分性。抵押权人就全部抵押物行使其权利，抵押物的分割和部分让与、灭失，或者债权分割或部分让与或清偿，都不影响抵押权的效力。主要表现为：抵押物部分灭失时，其剩余部分仍对全部主债权提供担保；主债权部分分割或让与时，抵押权不因此而受影响，各债权人就其应有部分对抵押物的全部共同行使其权利；分期付款的债权，因部分债权已届清偿期而未受清偿时，可就抵押物的全部行使其权利；债权部分受清偿，并不导致抵押权的部分灭失；抵押权设定之后，抵押物价格的涨落，原则上不影响抵押人的权利或者义务。

5. 物上代位性。抵押物的实体形态发生变化，并不影响抵押权人的权利。在抵押物的实体发生毁损灭失时，如果存在抵押物的价值变形物或代表物，则抵押权仍然可以于其上而存在。其中的"变形物或代表物"，通常并非指一般的实体物，而是指因标的物毁损、灭失或者征用等转换而来的金钱，诸如保险金、损害赔偿金、公用征收补偿金等。关于抵押权的物上代位问题，《民法典》第三百九十条也作出了明确规定："担保期间，担保财产毁损、灭失或者被征收等，担保物权人可以就获得的保险金、赔偿金或者补偿金等优先受偿……"

### （三）关于抵押权处分上的从属性

《民法典》第四百零七条规定，抵押权不得与债权分离而单独转让或者作为其他债权的担保。债权转让的，担保该债权的抵押权一并转让，但法律另有规定或者当事人另有约定的除外。

抵押权的设定宗旨在于担保债权的实现，是被担保债权的从权利，有债权才有抵押权，无债权则无抵押权，因此从属性是抵押权的重要特性。其从属性不仅体现在抵押权的成立原则上以债权的成立为前提，而且体现在抵押权的处分即转移也要随同被担保债权的转移而转移，更体现在抵押权要随被担保债权的消灭而消灭，即只有附随于所担保的主债权才能够让与他人或者作为其他债权的担保。

**1. 抵押权不得与所担保的主债权分离而单独让与**

（1）抵押权人不得以抵押权单独让与他人而自己保留被担保的主债权。

（2）抵押权人不得将被担保的主债权单独让与他人而自己保留抵押权，此时按抵押权从属性原则，抵押权人让与其被担保的主债权，抵押权一般应随同转让，且无须征得抵押人的同意。但是如果抵押权人让与其被担保的主债权时，与受让人有特殊约定仅让与主债权而抵押权不转让的，则在法律上自应允许，但此时，抵押权人所保留的抵押权既然没有所担保的主债权存在，则违反抵押权从属性规则，该抵押权自应归于消灭。

（3）抵押权人不得将其主债权与抵押权分别让与不同的主体。此时就主债权让与而言，受让人仅取得无抵押权担保的普通债权，而就抵押权让与而言，因违反抵押权的从属性原则，抵押权单独让与无效，抵押权人也不得保留无主债权的抵押权，抵押权应当归于消灭。

**2. 抵押权不得由主债权分离而单独成为其他债权的担保**

（1）抵押权人不得仅以抵押权提供担保，而自己保留主债权。

（2）抵押权人分别将债权与抵押权提供给不同人作担保时，就债权设定质权而言，应认为是有效的，成立无抵押权担保的债权质权；就抵押权单独设定担保而言，则在法律上是无效的。

**3. 抵押权从属性的突破与放松**

抵押权的从属性强调抵押权对债的依赖和不可分离，随着现代市场经济的发展，如果严格固守抵押权的从属性，将会严重妨碍抵押权的流通以及抵押权自身价值的发挥。于是，抵押权的从属性正日益呈现出缓和的状态。《民法典》规定的"最高额抵押权"即是抵押权从属性的缓和理论得到认可的明证之一。

最高额抵押是指在预定的限额内，为担保债务的履行，债务人或者第三人对一定期间内将要连续发生的债权提供的抵押担保。若债务人不履行到期债务或者发生当事人约定的实现抵押权的情形，抵押权人有权在最高债权额限度内就该担保财产优先受偿。可以看出，最高额抵押所担保的债权是将来的、不确定的债权。而担保从属性的要求之一就是成立上的从属性，即先有主债权，再有担保物权，最高额抵押则是先有担保物权，后有主债权，这就在一定程度上突破了从属性。

在最高额抵押担保中，部分债权转让的，最高额抵押权原则上不得转让。因此，该条规定"法律另有规定或者当事人另有约定的除外"，这为抵押权转让的从属性预留了缓和的空间。

**普法提示**

（一）经济交往中应当注重证据的获取和保存

若在经济交往中确需委托他人代为签订合同或者受托为他人签订合同，相关当事人应当进行明确约定，最好采取书面或其他便于保存和证明的形式，注重进行证据留存。民事诉讼的核心是证据裁判，即"以事实为依据"，这里的事实是指法律事实，即有法律所认可的证据所证明的事实，故在经济交往中，当事人应当注意证据材料的获取与留存，以备将来产生纠纷进行诉讼的需要。本案中，武方方、李元元签订的《主债权及不动产抵押合同》与吴常常、李元元签订的《借款合同》所涉借款的金额、履行期限等内容均不相同，两份合同不存在必要的关联性，武方方以该《借款合同》证明其系受吴常常委托签署《主债权及不动产抵押合同》，依据不足，即使其主张的事实客观存在，因李元元不认可，武方方应承担举证不能的不利后果，故其主张没有事实依据，法院不予采纳。

（二）签约时特别关注抵押权的限制

抵押权应当设定在符合法律规定的特定财产上，并非任何财产都可设定抵押权，法律未作规定可以设定抵押权的财产或者法律禁止设定抵押权的财产，不得设定抵押权。《民法典》第三百九十八条规定，乡镇、村企业的建设用地使用权不得单独抵押。以乡镇、村企业的厂房等建筑物抵押的，其占用范围内的建设用地使用权一并抵押。第三百九十九条规定，土地所有权，耕地、宅基地、自留地、自留山等集体所有的土地使用权（但法律规定可以抵押的除外），学校、幼儿园、医院等以公益为目的的事业单位、社会团体的教育设施、医疗卫生设施和其他社会公益设施，所有权、使用权不明或者有争议的财产，依法被查封、扣押、监管的财产，法律、行政法规规定不得抵押的其他财产。

债权人为保护自身的合法权益，在签署抵押合同时，应当关注相关法律中对抵押物的限制规定，以免抵押合同无效，主债权失去偿还保障。

第三章

**质押合同**

## 案例一 | 主债权转让，质权是否随之移转？

葛红① 石婕②

随着我国经济的蓬勃发展，各种投融资活动空前活跃，融资需求越来越旺盛。近年来，国家鼓励开展金融创新，证券公司、银行、信托公司、基金公司等纷纷利用股权质押这种担保模式开展融资活动，例如证券公司的股票质押式回购交易、以股权质押为担保措施的各类信托计划或专项资产管理计划，等等。由此产生的实践问题是，如果主债权转让，质权是否随之转移？受让人行使股票质权的条件是什么？让我们通过下面的案例来寻找答案。

## 案情回顾

（一）案件基本事实

2015 年 1 月 26 日，大地信托公司作为受托人与作为委托人的吉林银行签订了《单一资金信托合同》，大地信托公司按照信托合同约定于 2015 年 1 月 28 日设立了"12 号单一资金信托"，将信托项下的信托资金用于受让吉祥公司持有的如意公司股票的收益权。同日，大地信托公司与吉祥公司签署了《股票收益权转让及回购合同》，约定大地信托公司以信托资金向吉祥公司支付其持有的如意公司股票的收益权转让价款，当约定的期限届满或条件成就后，吉祥公司按照约定的价格回购大地信托公司持有的股票收益权。为保证吉祥公司按约定履行回购及合同约定的其他义务，吉祥公司将其持有的如意公司的 2620 万股股票质押给大地信托公司作为担保。

2015 年 1 月 27 日、5 月 21 日，吉祥公司作为出质人将其持有的 420 万股及 2200 万股的如意公司无限售流通股股票在中国证券登记结算有限责任

---

① 北京市第二中级人民法院民三庭庭长。
② 北京市第二中级人民法院监察室法官助理。

公司办理证券质押登记，质权人为大地信托公司。

2015年1月28日、5月22日，吉林银行向大地信托公司分别转账2600万元、1.74亿元。同日，大地信托公司将上述款项汇入吉祥公司银行账户。

2016年1月26日，吉祥公司向吉林银行提交情况说明函，称因公司流动资金紧张导致不能按期回购其与大地信托公司于2016年1月28日到期的金额为2600万元的420万股股权，向吉林银行申请延期支付2个月。另外2200万股股权质押业务于2016年5月22日到期，金额为1.74亿元。吉祥公司将寻找新的融资渠道增加融资额度，确保上述两笔股权质押业务如期回购。如若到期后，仍然无法偿付该笔业务，吉林银行可依合同约定进行平仓，由此引发的后果由吉祥公司承担。

2016年5月27日，吉林银行向大地信托公司发出《延期还款通知函》，表明同意吉祥公司延期还款，延期后第一期和第二期信托的到期日均为2016年7月22日。

2016年7月22日，大地信托公司向吉祥公司发出《到期履约通知函》，表明截至2016年7月22日，吉祥公司并未履行两笔业务的股票收益权回购义务，吉林银行于2016年7月20日向大地信托公司发出《信托终止通知函》，通知大地信托公司于信托延期到期日终止本信托计划并发函告知吉祥公司履行在主合同项下的股票收益权回购义务。

2016年9月7日，大地信托公司向吉林银行发出《12号单一资金信托信托财产原状分配通知书》，将其在《股票收益权转让及回购合同》项下对吉祥公司所享有的全部债权及《股票质押合同》项下的质押权利一并转让给吉林银行。

2017年4月18日，大地信托公司向吉祥公司发出《股票收益权转让通知书》和《股票收益权转让及继续履行担保责任通知书》，载明大地信托公司已向吉祥公司支付共计人民币2亿元的股票收益权转让价款，但吉祥公司未在延期后的2016年7月22日履行回购股票收益权等约定义务，大地信托公司已将基于《股票收益权转让及回购合同》享有的全部债权和收回中国信托业保障基金及相关收益的权利，以及基于《股票质押合同》享有的质押权一并转让给吉林银行，请吉祥公司向吉林银行履行相关还款义务及其他约定义务，及时配合办理质押权变更登记并按照《股票质押合同》的约定，向吉林银行承担质押担保责任。

由于吉祥公司一直未履行付款义务，故吉林银行将吉祥公司作为被告、大地信托公司作为第三人起诉至法院，要求吉祥公司支付股票收益权回购价款及违约金，吉林银行就上述债务对《股票质押合同》项下 2620 万股无限售流通股股票享有优先受偿权。

（二）审理情况

法院经审理认为，吉林银行与大地信托公司签订的涉案信托合同、大地信托公司与吉祥公司签订的涉案《股票收益权转让及回购合同》及补充协议、《股票质押合同》系各方当事人的真实意思表示，内容亦不违反法律、行政法规的效力性强制性规定，应为合法有效。

上述合同签订后，吉林银行履行了向大地信托公司支付信托资金的义务，大地信托公司亦履行了向吉祥公司支付股票收购价款的义务，但在合同约定并延期的回购期限届满时，吉祥公司未履行股票回购义务，对大地信托公司构成违约。大地信托公司按照涉案信托合同的约定，向信托受益人即吉林银行发出《信托财产原状分配通知书》，大地信托公司与吉祥公司《股票收益权转让及回购合同》项下的全部权利义务均转移至吉林银行。吉林银行有权要求吉祥公司就其违约行为承担相应的违约责任。

大地信托公司依据涉案《股票质押合同》依法登记取得涉案如意公司股票的质押权，后大地信托公司将信托合同项下债权及《股票质押合同》项下质押权一并转让给吉林银行，该债权转让通知已向债务人吉祥公司送达，因此，法院确认大地信托公司信托合同项下债权及《股票质押合同》项下质押权已一并转让给吉林银行。虽然各方均认可由于涉案如意公司股票被法院查封，吉林银行无法办理股票质押权变更登记，但原质押权人大地信托公司、质押人吉祥公司及吉林银行均对吉林银行享有涉案股票的质押权，就涉案股票享有优先受偿权没有争议，故法院认为如意公司股票未办理质押权人变更登记，不影响吉林银行作为质押权人，就质押人吉祥公司涉案债务向吉祥公司主张行使质押权。

综上，法院依法判决吉祥公司给付吉林银行股票收益权回购价款及违约金，吉林银行就上述债务对《股票质押合同》项下 2620 万股无限售流通股股票享有优先受偿权。

判决作出后，各方当事人均未上诉。

## ⚖ 法理分析

（一）质权能否随主债权转让而转移

《民法典》第五百四十七条第一款规定，债权人转让债权的，受让人取得与债权有关的从权利，但是该从权利专属于债权人自身的除外。《民法典》第四百零七条规定，抵押权不得与债权分离而单独转让或者作为其他债权的担保。债权转让的，担保该债权的抵押权一并转让，但是法律另有规定或者当事人另有约定的除外。《最高人民法院关于适用〈中华人民共和国民法典〉有关担保制度的解释》第七十二条规定，主债权被分割或者部分转让的，各债权人可以就其享有的债权份额行使抵押权。主债务被分割或者部分转让的，抵押人仍以其抵押物担保数个债务人履行债务。但是，第三人提供抵押的，债权人许可债务人转让债务未经抵押人书面同意的，抵押人对未经其同意转让的债务，不再承担担保责任。

根据我国法律规定，担保物权具有从属性，其成立以债权的成立为前提，因债权的转移而转移，因债权的消灭而消灭。股权质权作为担保物权的一种，应当受到担保物权从属性的限制，原则上随主债权一并转让，无须得到出质人的同意，但法律另有规定或当事人另有约定的除外。因此，大地信托公司将信托合同项下债权转让给吉林银行后，《股票质押合同》项下质押权也一并发生转让。

### （二）股票质权行使的条件

原《担保法》第六十三条第一款规定：本法所称动产质押，是指债务人或者第三人将其动产移交债权人占有，将该动产作为债权的担保。债务人不履行债务时，债权人有权依照本法规定以该动产折价或者以拍卖、变卖该动产的价款优先受偿。

本案中，虽然股票质押权未进行变更登记，但原质押权人大地信托公司、质押人吉祥公司及吉林银行均对吉林银行享有涉案股票的质押权，可以就涉案股票享有优先受偿权没有争议，且认为涉案如意公司股票被法院查封是无法进行变更登记的原因，因此，在吉祥公司不履行债务的情况下，吉林银行作为质押权人，可以就质押人吉祥公司涉案债务向吉祥公司主张行使质押权。

## 知识拓展

### （一）申请股票质押贷款需提交的材料

借款人申请质押贷款时，必须向金融机构提供以下材料：1. 企业法人营业执照、法人代码证、法定代表人证明文件；2. 中国人民银行颁发的贷款卡（证）；3. 上月的资产负债表、损益表和净资本计算表及经会计（审计）师事务所审计的上一年度的财务报表（含附注）；4. 由证券登记结算机构出具的质物的权利证明文件；5. 用作质物的股票上市公司的基本情况；6. 贷款人要求的其他材料。

### （二）不得用于质押的股票

用于质押贷款的股票应业绩优良、流通股本规模适度、流动性较好。贷款人不得接受以下几种股票作为质物：1. 上一年度亏损的上市公司的股票；2. 前六个月内股票价格的波动幅度（最高价/最低价）超过200%的股票；3. 可流通股股份过度集中的股票；4. 证券交易所停牌或除牌的股票；5. 证券交易所特别处理的股票；6. 证券公司持有一家上市公司已发行股份的5%以上的，该证券公司不得以该种股票质押；但是，证券公司因包销购入售后剩余股票而持有 5% 以上股份的，不受此限。

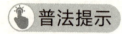 **普法提示**

**（一）股权出质应注意的事项**

在股票出质及质权行使时，要注意以下事项：

一是出质股权折价、变卖或拍卖，均导致股权转让，必须遵守股权转让的规定。如出质股权是有限责任公司股权时，拟折价或变卖给公司股东外的人的，应征求其他股东意见，且其他股东在同等条件下有优先购买权；如出质股权是上市股票时，必须在深沪证券交易所进行交易；如出质股权为国有股权的，应由资产评估机构对股权价值进行评估并作为转让参考价，而且即使在质押时已获批准，转让股权时仍必须取得国有资产管理部门的再次审批。

二是出质股权的折价或变卖的价格需公允、合理。我国《民法典》第四百三十六条第三款规定，质押财产折价或者变卖的，应当参照市场价格，《企业国有资产评估管理暂行办法》第六条规定，国有企业如存在非上市公司国有股东股权比例变动、以非货币资产偿还债务、资产转让或置换等行为时，均应当对相关资产进行评估。因此，出质股权折价多少或是以什么样的价格变卖，不全是由出质人、质权人或交易第三人决定的，必须符合"市场价格"这一参照标准。

**（二）债权转让要符合法律规定**

在实践中，债权转让要遵循相关的法律规定，否则就有可能因转让存在瑕疵而使得自身合法权益得不到保障。具体来说，存在以下三种情形的债权不得转让：一是按照当事人约定不得转让，如借款合同已经约定债权不得转让的；二是依照法律规定不得转让，如请求支付赡养费和抚养费的权利不得转让；三是根据合同性质不得转让，该条一般是指基于特定债权人利益和人身信任所成立的债权。另外，法律规定债权转让应遵循法定形式办理批准、登记等手续的，应当依照规定办理，如转让中外合资经营企业合同中的债权须经有关部门批准。

# 车辆质押权不可与债权分离而单独转让

## ——担保物权的从属性分析

陈碧玉 [1]

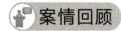 **案情回顾**

（一）案件要览 [2]

本案是一个合同纠纷。案情如下：2014 年 9 月 12 日，郝正阳因为资金周转需要，向付天高借了 25 万元。双方签订了一份《借款合同》，并且在合同里约定，郝正阳将自己名下的一辆奥迪 A6 质押给付天高，为借款提供担保。也就是说，债务人郝正阳先把车交给债权人付天高押着，将来如果郝正阳不还钱，付天高可以与郝正阳协议把这辆车折价或者拍卖、变卖，用来偿还借款。合同签订后，付天高依照约定提供了 25 万元的借款，郝正阳也履行承诺将自己的奥迪 A6 交付给了付天高。

2015 年 9 月借款到期后，郝正阳无力还款。2015 年 12 月 3 日，付天高与郭万里签订了《车辆转押协议》，将涉案车辆以 25 万元的价款转押给郭万里。郭万里给了付天高 25 万元，顺利拿到这辆奥迪 A6 并且一直正常使用。但是在整个过程中，这辆车并没有变更登记，登记的所有权人一直都还是郝正阳。

2017 年 6 月 8 日，涉案车辆在另一个案子的执行过程中被强行拖走，郭万里就丧失了对车辆的控制和使用。原来，郝正阳还有另一个债权人玖玖投资公司，他在把车质押给付天高之前，已经先把车抵押给了这个公司，并且办理了抵押权登记。车被拖走后，原告郭万里以付天高、郝正阳为被告，向

---

① 北京市第二中级人民法院民三庭法官助理。

② 参见（2019）京 02 民终 12815 号民事判决书，为论述方便，已对案例作适当简化处理。

法院提起诉讼。郭万里要求解除《车辆转押协议》，由付天高返还 25 万元车款并支付利息损失。

（二）审理过程

一审法院经审理后认为，《车辆转押协议》是付天高和郭万里的真实意思表示，合同是合法有效的。根据双方协议约定，付天高在转押时，应当向郭万里交付车辆相关权属、权利证书以及相关手续。但由于付天高没有把这些手续交给郭万里，导致本案中的奥迪车辆被抵押权人玖玖投资公司强制执行。这样，郭万里控制和使用车辆的合同目的无法实现，符合合同解除的法定情形——"一方迟延履行债务或者有其他违约行为致使不能实现合同目的"。所以一审判决支持了郭万里关于解除合同、返还车款的诉讼请求。

付天高不服一审判决，提起上诉。二审法院经审理后认为，本案涉及担保物权可否与主债权相分离而单独转让的问题。《民法典》第四百零七条明确规定，抵押权不可与债权分离而单独转让，质押权应参照适用这个规定。本案合同名为转押，但双方真实目的应当是转移车辆所有权。现在，《车辆转押协议》无法继续履行，付天高存在根本违约行为，郭万里有权解除合同，所以二审维持了一审判决。

⚖️ 法理分析

本案的核心问题在于，付天高和郭万里签订的《车辆转押协议》是个什么性质的合同、合同是否有效？如果有效的话，郭万里是否可以诉请解除？

（一）涉案《车辆转押协议》的性质及效力

认定合同性质的基本原则是看实质而不看形式。具体来说，合同性质的认定不能单看合同名称，还要看合同内容所涉及的法律关系，也就是根据合同双方当事人所设立的权利义务关系来进行全面理解和准确判定。现实生活中，由于很多当事人并非法律专业人士，存在签订合同的名称不规范、不在法律规定的有名合同范围内，甚至单从名称看属于法律禁止设立的合同等情况。这时候，就应当拨云见日，根据合同主要条款约定的权利义务关系，看其具不具有合法合同的性质，以此来对合同定性。

具体到本案，《民法典》第四百零七条规定，抵押权不得与债权分离而单独转让或者作为其他债权的担保。债权转让的，担保该债权的抵押权一并转让，但是法律另有规定或者当事人另有约定的除外。法律这样规定的理由在于，抵押权作为担保物权，是个从属性权利，它的存在是为了担保主债权的实现，债权人和担保权人在主体上是一致的。抵押权的从属性决定了其如果脱离所担保的债权单独进行转让，是没有价值的，因为此时债权人和担保权人发生了分离，失去了担保的意义。参照该规定，质押权同样作为担保物权，也不能够与债权分离而单独转让。这是首先需要厘清的问题。

本案中，郭万里主张自己与付天高签订《车辆转押协议》，是为了获取车辆的使用权和所有权。而付天高却主张本案中的《车辆转押协议》只是约定转让车辆质押权，自己并没有义务保证郭万里使用车辆和获得车辆所有权。如果郭万里的主张成立，那么本案的转押协议实际上是个买卖车辆的合同；如果付天高的主张成立，那么本案为单独转让质押权的合同，因违反物权法强制性规定而无效。

综合全案情况来看，郭万里的主张应当得到支持。理由主要有两点：第一，从合同主要条款来看，双方约定了转押价格为25万元，并且约定转押时付天高向郭万里交付车辆相关权属、权利证书以及相关手续。如果认为涉案《车辆转押协议》只是转让质押权，在郭万里支付25万元的情形下，无法体现他享有任何对价利益，不符合常理。第二，涉案交易发生时，付天高还向郭万里提供了车辆所有权人郝正阳签署的《授权委托书》《车辆处置声明》等文件，应当理解为付天高是在郝正阳不能偿还借款的情况下，通过变卖郝正阳提供的质押车辆，行使质押权来实现他的债权。

基于上述分析，双方签订涉案《车辆转押协议》的真实目的为转移车辆所有权，合同性质应当是买卖合同。该合同体现双方真实的意思表示，并且不违反法律、行政法规的强制性规定，应当是合法有效的。本案中一审法院没有分析《车辆转押协议》的性质，直接认定合同有效，实际上是存在一定瑕疵的，二审法院通过说理对这个问题进行了明确。

讲到本案合同性质，还有一个问题需要注意。本案的"转押"不属于法律规定的"转质"。依据《民法典》[①]的规定，质权人在质权存续期间，经过出质人同意，可以将质物转质给他人。这里所谓的"转质"，指的是质权人在质权存续期间，为了担保自己或他人的债务，将质物移交给第三人，在该质物上设立新的质权的行为。可见，转质权是为了担保另一个债权的实现，它仍然需要对应一个新的债权。而本案中，只存在付天高和郝正阳的债权债务关系，付天高和郭万里之间，并不存在"转押"所要担保的债权。所以，本案的"转押"没有办法解释为"转质"。

### （二）郭万里是否享有合同解除权

前面我们已经分析了涉案合同实际上是一个买卖车辆的合同。那么，付天高作为出卖人，他就需要保证郭万里可以正常占有、使用车辆，并且有义务协助郭万里办理车辆过户登记手续。根据法院查明的事实，涉案车辆被先抵押权人强制执行，导致《车辆转押协议》无法继续履行。实际上，由于车辆上设有抵押权，在抵押权涂销前，过户登记是无法实现的，而车辆被强制执行导致郭万里对车辆的占有和使用也终止了。在付天高存在根本违约的情况下，郭万里可以选择起诉主张违约责任或是要求解除合同，二者择一行使。

本案中，郭万里以付天高的违约行为导致自己合同目的无法实现为由，主张解除合同，符合原《合同法》关于法定解除的条件，应当得到支持。合同解除后，还有两个问题需要解决。一个是关于郭万里是否应当返还车辆。由于涉案车辆被强制执行，是在先抵押权人实现合法抵押权导致的，不能归责于郭万里。所以，付天高要求郭万里在解除合同后返还车辆，显然缺乏依

---

① 《民法典》第四百三十四条规定，质权人在质权存续期间，未经出质人同意转质，造成质押财产毁损、灭失的，应当承担赔偿责任。

据。另一个是关于郭万里是否应当支付车辆使用费，考虑到郭万里已经使用涉案车辆一年多的时间，所以法院在处理时相当于把郭万里应当向付天高支付的车辆使用费，与郭万里主张的车款利息损失进行折抵。这两项损失金额大致相当，所以折抵后没有支持郭万里关于利息损失的诉讼请求，付天高再行主张车辆使用费也不应当支持。

### 知识拓展

（一）动产抵押权与质权竞存的处理

本案中，涉案奥迪车上同时存在抵押权和质权，虽然该问题不是本案审理过程中的争议焦点，但对动产抵押权和质权竞存时受偿顺序的掌握，有利于更好地理解本案。

动产上既可以设立质权，也可以设立抵押权。抵押权不以占有抵押财产为内容，质权却以占有质物为内容。因此，先被抵押的动产再被出质，或者被质押的动产后被抵押的情形，都可能发生。当债务人不履行到期债务，或者发生当事人约定的担保物权实现事由时，同一动产上的抵押权与质权就会发生何者优先受偿的问题。

《民法典》颁布前，原《物权法》仅在第一百九十九条规定了抵押权的清偿顺序，即：抵押权已经登记的，按照登记的时间先后确定清偿顺序；抵押权已经登记的先于未登记的受偿；抵押权未登记的，按照债权比例清偿。但其没有解决抵押权和质权竞存的清偿顺序问题。现《民法典》第四百一十四条在延续原《物权法》第一百九十九条的条文基础上，增加了一款"其他可以登记的担保物权，清偿顺序参照适用前款规定"。此前《九民会议纪要》也对这个问题进行了明确，纪要指出，同一动产上同时设立质权和抵押权的，应当参照适用抵押权清偿顺序的规定，根据是否完成公示以及公示先后情况来确定清偿顺序。结合前述法律规定及相关文件，目前处理竞存的总体原则是，已公示的优先于未公示的，先公示的优先于后公示的，顺序相同的按照债权比例清偿。而动产抵押权的公示方法是登记，动产质押权的公示方法则是占有。

回到本案中，玖玖投资公司的抵押权有效设立并已通过登记公示，付天高的质押权业已通过占有车辆的方式设立并公示，但涉案车辆抵押权的登记早于质押权的交付。根据前面讲到的关于清偿顺序的规则，公示在先的抵押权可以优先于公示在后的质押权获得清偿。所以，玖玖投资公司在另案中，是可以对涉案车辆申请强制执行的，这个行为是有合法性依据的。

### （二）担保物权的从属性

本案中，关于车辆质押权不可与债权分离而单独转让的法理，揭示了担保物权的重要属性即其从属性。当然，转移上的从属性只是一个方面，接下来我们从完整的意义上来看一下如何来理解担保物权的从属性。

担保物权的从属性，是指担保物权从属于债权而存在，以债权的存在或将来存在为前提，随着债权的消灭而消灭，一般也随着债权的变更而变更，优先受偿的范围以担保物权实现时存在的担保债权为限。具体表现为：

一是成立和消灭上的从属性。成立上的从属性体现在，担保物权是用来担保主债权的实现的，它的成立以主债权的存在或者将来存在为前提。也就是说，当主债权不成立或是无效，不管担保物权是否采用合法形式设立，也不管其处于何种权属状态，都将因为主债权的不成立或者无效而变得毫无意义。《民法典》第三百八十八条明确规定，担保合同是主债权债务合同的从合同，除法律另有规定外[①]，主债权债务合同无效，担保合同无效。消灭上的从属性体现在，主债权因为清偿、提存、免除、混同、抵销等原因而全部消灭时，担保物权也随之消灭。需要注意的是，如果主债权只是部分消灭，由

---

① 《民法典》第三百八十八条所规定的"法律另有规定的除外"，其含义是指，法律特别规定了担保合同不因主债权债务合同的无效而归于无效的情形，应当适用该特别规定，而不再按照"主债权债务无效，担保合同无效"的规定处理。例如，最高额抵押权所担保的，是一定期间内将要连续发生的债权，最高额抵押权并不是从属于其中某个债权的担保物权，如果某个债权因产生它的法律行为无效而不复存在，最高额抵押权并不因此归于消灭。

于担保物权的不可分性，担保物权并不消灭。①

二是移转上的从属性。债权转让时，除非法律另有规定，或者债权人与担保人另有约定，担保物权随同债权转让。尽管在某些情况下担保物权可以因特别约定而脱离所担保的债权单独归于消灭，但不能脱离债权而单独转移。如果当事人特别约定抵押权不随同主债权转移，那么在主债权转让后，抵押权归于消灭。②对于抵押权的转让规则，《民法典》第四百零七条进行了明确规定，而对于质权则没有相应规定。但是从解释论的角度看，质权也属于意定担保物权，它的法理逻辑及特征属性与抵押权是最为相似的，质权转让应当参照适用抵押权转让的相关规则。需要注意的是，担保物权与主债权一并转让是基于法律的明确规定，因此，不动产抵押权随债权转让，不以办理抵押权变更登记为要件；动产质权随债权转让，不以交付质物为要件。

三是范围和强度上的从属性。担保人承担的担保责任范围不应当大于主债务。当事人约定的担保责任的范围大于主债务的，如针对担保责任约定专门的违约责任、担保责任的数额高于主债务、担保责任约定的利息高于主债务利息、担保责任的履行期先于主债务履行期届满，等等，均应当认定大于主债务部分的约定无效，从而使担保责任缩减至主债务的范围。

四是期限上的从属性。这里涉及担保物权的行使和主债权诉讼时效届满的关系。在法律规定上也存在前后变化。原《担保法解释》第十二条明确规定担保物权的存续期间是主债权诉讼时效届满后再加上2年，且没有对不同类型的担保物权作出区别。而原《物权法》则作出了改变，区分了不同类型的担保物权，并且缩短了行使期限。现《民法典》延续了原《物权法》的相关规定。具体来说，对于抵押权，应当在主债权诉讼时效期间行使；对于质权、留置权，出质人、债务人可以请求质权人、留置权人在

① 担保物权的不可分性体现在，被担保的债权即使经过分割、部分清偿或消灭，担保物权仍为了担保各部分债权或剩余债权而存在；担保物即使经过分割或一部分灭失，各部分或余存的担保物仍为担保全部债权而存在。

② 这种情况下，发生债权转让时，抵押人可以请求注销该抵押权的登记。只是这种约定只具有债权效力，只在担保人和担保物权人之间产生效力，不得对抗善意的债权受让人。

债务履行期届满后及时行使。①《九民会议纪要》进一步明确，抵押权人在主债权诉讼时效届满前未行使抵押权，抵押人可以在主债权诉讼时效届满后请求涂销抵押权登记。

### 普法提示

本案例纠纷产生的根本原因，在于买卖抵押车、质押车的交易风险。本案例中的受让人失去车辆但最终把购车款要回来了，而实务中，该类车辆交易可能存在多重转手，涉及复杂的利益主体和权利义务关系，购买人"车钱两失"的情况并不少见。因此有必要提醒消费者，虽然抵押车、质押车确实存在低价优势，但还是要谨慎购买。

**第一，购买质押车无法取得车辆所有权。**虽然《民法典》第四百零六条规定抵押人可以转让抵押财产，但第四百三十一条规定处分质押财产应当经出质人同意。故在购买质押车情形下，车辆买卖双方即使完成车辆交收，也不能正常办理车辆过户手续，交付车款后能够取得的只是占有、使用车辆的权利，无法取得所有权。甚至因为车辆证照不齐备，办理年检等正常用车手续都存在障碍，安全隐患较大。

**第二，购买抵押车存在查封、扣押风险。**如果有幸车辆的所有权人顺利归还了所有借款，而且同意将车辆过户，自然可以消除风险，但实务中这种情况极为少见，更多的情况是抵押权一直存在。根据《民法典》第四百零六条，抵押财产转让的，抵押权不受影响；《最高人民法院关于人民法院民事执行中查封、扣押、冻结财产的规定》第十五条规定："被执行人将其所有的需要办理过户登记的财产出卖给第三人，第三人已经支付部分或者全部价

---

① 《民法典》第四百一十九条规定："抵押权人应当在主债权诉讼时效期间行使抵押权；未行使的，人民法院不予保护。"第四百三十七条规定："出质人可以请求质权人在债务履行期届满后及时行使质权；质权人不行使的，出质人可以请求人民法院拍卖、变卖质押财产。"第四百五十四条规定："债务人可以请求留置权人在债务履行期届满后行使留置权；留置权人不行使的，债务人可以请求人民法院拍卖、变卖留置财产。"

款并实际占有该财产，但尚未办理产权过户登记手续的，人民法院可以查封、扣押、冻结……"在执行程序中，买受人无法对抗法院的查封、扣押，只能基于买卖合同向出卖人主张购车款。

**第三，购买抵押车、质押车还可能导致车钱两失。**抵押车、质押车的所有权人大多无力归还借款，因此也无法在约定期限内解除抵押或者回赎车辆，导致车辆在二手车市场不停进行流转。经过多次转手之后，中间的流转环节较为烦琐，涉及利益关系复杂、主体多样，最终到达买受人手中，来源早已难以查清。该类车辆往往以直接打款提车等方式完成交易，经过层层转手，尤其是通过微信转账等方式交易的，交易对方的身份等信息往往并不明确。一旦车辆被依法查封、扣押，买受人不仅要不回车辆，购车款都可能难以找到主张对象，面临车财两空的尴尬境地。而且此类车辆的盗抢风险也较大，被盗抢后由于没有所有权，对于车的来源和去向又无法提供证据证明，往往只能吃"哑巴亏"，"赔了夫人又折兵"。

因此，作为消费者，要认清抵押、质押车辆交易的法律风险及不良后果，不能心存侥幸，贪图小利，不能轻易相信所谓债权车交易绝对合法等类似的宣传，不买来路不明的二手车。如果实在要交易，也要做好功课，确定是个人转售，还是平台收车后出售，或者是车行处理旧车，要厘清出售主体，明晰出售人，以便出现相关问题时能及时找到维权的对象。

案例三 | # 保证金账户质押能否排除另案债权的强制执行？

葛红[①] 石婕[②]

保证金账户质押是金融机构与担保公司开展担保贷款业务合作时出现的一种新型担保方式。近年来，为了畅通融资渠道，缓解中小企业贷款难、担保难的问题，很多地方政府成立了融资性担保公司，为中小企业向金融机构的贷款提供担保。实践中，金融机构除了要求担保公司提供信用保证外，一般还要求担保公司在银行设立专门保证金账户，并存入一定比例的保证金。那么，什么情况下可以认定保证金账户质权已经设立？如果担保公司还有其他债权人，当逾期未清偿其他债权人债务时，其他债权人可否申请执行担保公司在银行保证金账户内的资金？银行可否以保证金账户质押为由，排除另案债权的强制执行？让我们通过一个案例来分析。

## 案情回顾

### （一）合同履行情况

2014年11月7日，美好外贸公司与中国银行文化路支行签订《授信额度协议》，约定中国银行文化路支行向美好外贸公司提供授信额度，在符合协议约定条件下，向美好外贸公司申请循环、调剂或一次性使用，用于短期贷款、法人账户透支、银行承兑汇票、贸易融资、保函、资金业务及其他授信业务，授信额度为人民币1500万元整。同日，双方签订两份《流动资金借款合同》，分别约定美好外贸公司向中国银行文化路支行借款人民币500万元和1000万元，美好外贸公司出具相应的借据两张。

2014年11月8日，中国银行文化路支行与安心担保公司签订《保证金

---

① 北京市第二中级人民法院民三庭庭长。
② 北京市第二中级人民法院监察室法官助理。

质押合同》，约定安心担保公司在中国银行文化路支行处开立保证金账户，保证金金额为 75 万元。如果美好外贸公司在任何正常还款日、履约日或提前还款日、履约日未按约定向中国银行文化路支行还款，则中国银行文化路支行有权以保证金优先清偿主合同项下的债务。合同还约定了保证金账户的具体账号，开户行为中国银行中山支行。

2014 年 11 月 13 日，安心担保公司向其在中国银行中山支行开设的账户转入保证金 75 万元。

2015 年 3 月 2 日，北京银行与长安纸业公司、安心担保公司因金融借款合同履行产生纠纷。北京银行诉至法院，要求长安纸业公司承担还款责任，安心担保公司承担连带担保责任，法院支持了北京银行的起诉请求。后北京银行向法院申请强制执行，要求冻结、划拨长安纸业公司、安心担保公司名下的银行存款。法院依法查封了安心担保公司在中国银行中山支行开立账户内的存款，此时账户内余额为 147 万元。

2016 年 12 月 5 日，中国银行文化路支行向法院提出执行异议，以该行对中国银行中山支行保证金账户内的 75 万元保证金享有质权为由，请求停止对该 75 万元保证金的执行，解除冻结措施。法院裁定驳回了中国银行文化路支行的异议请求。

2017 年 1 月 12 日，中国银行文化路支行将北京银行作为被告，长安纸业公司、安心担保公司作为第三人向法院提起了案外人执行异议之诉，要求停止对涉案 75 万元保证金的执行，解除冻结措施。

（二）各方辩论意见

原告中国银行文化路支行起诉称，该行与安心担保公司存在保证金质押关系，安心担保公司已将涉案保证金 75 万元划入该行指定的中国银行中山支行的保证金账户。该账户系中国银行河北省分行指定设立的，其中每笔保证金相应的质权人均为中国银行河北省分行下辖的各具体贷款经办行。安心担保公司在中国银行中山支行开具的保证金账户是全国范围内具有唯一性的账户，仅用于安心担保公司各项业务保证金的收支，未用作其他用途，所以，中国银行对该账户内的 75 万元保证金享有优先受偿权，故请求法院依法停止对涉案 75 万元保证金的执行，解除冻结措施。

被告北京银行答辩称，法院有权查封安心担保公司在中国银行中山支行的保证金账户，理由如下：1. 中国银行文化路支行对涉案 75 万元保证金不享有质权。首先，安心担保公司没有按照合同约定在中国银行文化路支行处开立保证金账户，75 万元保证金并没有转移占有；其次，中国银行文化路支行所称的在中国银行中山支行开设的保证金账户余额经常发生浮动，最多时超过 1000 万元，且存在若干笔享有质权的款项，因此，该保证金账户并未实现金钱的特定化。2. 北京银行在本案中是善意第三人，中国银行文化路支行与安心担保公司之间的约定对北京银行没有约束力。综上，请求驳回中国银行文化路支行的诉讼请求。

第三人安心担保公司称，服从法院判决，对中国银行文化路支行的诉讼请求不发表意见。

第三人长安纸业公司称，不清楚事实情况，对中国银行文化路支行的诉讼请求不发表意见。

（三）法院查明事实

法院依法查明：2014 年 11 月，中国银行河北省分行与安心担保公司签订《框架性合作协议》，约定安心担保公司在中国银行河北省分行所属中国银行中山支行开立结算账户和保证金账户，结算账户用于安心担保公司日常资金结算，保证金账户专门用于安心担保公司因承担保证责任而存放的履约保证金。保证金账户必须专户专用、一户一用，一笔保证金对应一个保证金质押合同，保证金账户不得办理其他业务。在担保的贷款到期未能获得全额偿付时，中国银行中山支行有权直接扣划安心担保公司保证金账户的相应资金。

（四）法院审理情况

法院经审理后认为，涉案 75 万元保证金符合金钱以特户等形式特定化及转移占有两个要件，因此，安心担保公司对涉案 75 万元保证金的质权自其于 2014 年 11 月 13 日将该笔保证金存入中国银行中山支行开设的保证金账户之日起设立。由于质权人对质押保证金的占有本身具有排他性，在法律效力上能够排除执行，因此法院确认中国银行文化路支行对涉案 75 万元保证金享有的质权可以排除法院强制执行措施，中国银行文化路支行对上述 75 万元保证金可优先受偿。

判决作出后，各方当事人均未上诉。

## ⚖ 法理分析

（一）保证金账户质押的概念及构成要件

保证金账户资金质押是指经保证金存款人与商业银行协商一致，商业银行在实现对保证金存款人或其担保的其他债务人的特定债权时，有权直接扣划保证金账户中的资金以实现自己特定债权的一种担保方式。《民法典》第四百二十九条规定：质权自出质人交付质押财产时设立。原《担保法解释》第八十五条规定：债务人或者第三人将其金钱以特户、封金、保证金等形式特定化后，移交债权人占有作为债权的担保，债务人不履行债务时，债权人可以以该金钱优先受偿。

根据上述规定，保证金在符合金钱特定化和移交债权人占有两个要件时，可以成立质权。由于金钱是一种特殊种类物，具有"所有和占有相一致"的特点，因此规定这两个要件，可以使作为质物的保证金既不与出质人的其他财产混同，又能独立于质权人的财产。

（二）保证金账户金钱特定化的认定

本案中，中国银行河北省分行与安心担保公司签订的框架性合作协议中约定，安心担保公司要在中国银行中山支行开立保证金账户，保证金账户必须专户专用、一户一用，一笔保证金对应一个保证金质押合同，保证金账户不得办理其他业务。涉案《保证金质押合同》中约定，安心担保公司要将保证金支付至其在中国银行文化路支行处开立的保证金账户中，但是该合同同时约定了具体的保证金账户账号，即安心担保公司在中国银行中山支行开立的账号。

关于北京银行提出的保证金账户与约定不符的问题。由于北京银行未提交反证证明在不同中国银行分支机构可以开立相同账号的账户，因此，虽然《保证金质押合同》约定的保证金账户开户行与实际的保证金账户开户行不符，但并不导致涉案保证金账户的约定不明。安心担保公司于2014年11月13日向中国银行中山支行开设的账户转入保证金75万元，可以视为履行了涉案《保证金质押合同》项下向中国银行文化路支行交付保证金的义务。

关于北京银行提出的账户资金浮动影响金钱特定化的问题。保证金以专门账户形式特定化并不等于固定化。根据框架性合作协议的约定，安心担保公司需将其担保中国银行河北省分行下属各具体贷款经办行贷款款项所涉保证金，统一存入在中国银行中山支行开立的保证金账户中。也就是说，安心担保公司开展新的贷款担保业务时，需要按照约定存入一定比例的保证金，这必然导致账户资金的增加；在安心担保公司担保的贷款到期未获清偿时，扣划保证金账户内的资金，必然导致账户资金的减少。因此，本案保证金账户余额发生经常性变动，是因业务开展需要而产生的。

综上所述，涉案保证金账户能够与日常结算账户进行分离，虽然该账户转入转出多笔款项，但均为安心担保公司担保债务项下的各项保证金收支，未用于安心担保公司日常结算或其他用途，因此，中国银行文化路支行可以通过该保证金账户的开户行中国银行中山支行实施对该保证金账户的控制，安心担保公司对账户内的资金使用受到限制，可以认定中国银行中山分行的保证金账户符合金钱以特户等形式特定化的要求。

（三）保证金账户移交债权人占有的认定

占有是指对物进行控制和管理的事实状态。涉案《保证金质押合同》约定，担保责任发生后，质权人有权以保证金优先清偿主合同项下的债务。中国银行河北省分行与安心担保公司签订的框架性合作协议中约定，未经中国银行河北省分行或其贷款经办行书面同意，安心担保公司不得以任何理由提取或动用保证金账户内资金，在担保的贷款到期未能获得全额偿付时，中国银行中山支行有权直接扣划安心担保公司保证金账户的相应资金。因此，虽然涉案保证金账户没有开立在中国银行文化路支行处，而是开立在中国银行中山支行处，但是根据上述合作协议，中国银行文化路支行亦可以实现对涉案保证金账户相应保证金的支配和控制，安心担保公司无权支配和控制该保证金账户的相应保证金。由此可见，中国银行文化路支行作为债权人取得了涉案保证金账户相应的控制权，实际控制和管理该账户，这种控制权符合处置金钱移交债权人占有的要求。

（四）保证金账户质押是否可以排除另案债权强制执行

强制执行措施可以分为控制措施和处分措施，具体到对银行账户内金钱的执行，冻结账户属于控制手段，扣划则属于处分手段。《最高人民法院关于人民法院执行工作若干问题的规定（试行）》第三十一条规定，人民法院对被执行人所有的其他人享有抵押权、质押权或留置权的财产，可以采取查封、扣押措施。财产拍卖、变卖后所得价款，应当在抵押权人、质押权人或留置权人优先受偿后，其余额部分用于清偿申请执行人的债权。但是，质权人对质押保证金的占有本身具有排他性，质权人的占有是质押保证金成立的前提条件之一，在法律效力上能够排除执行。如果允许对质押保证金强制执行，必然破坏质权人对保证金的占有状态，质押法律关系也将不复存在。质押保证金的标的本身即为金钱，不需要采取拍卖、变卖措施予以变现，质权人对该特定金钱的占有，使质押保证金不同于以需要通过拍卖、变卖进行变现的财产，质权人对质押保证金的占有，使得其权利主张具有对抗申请执行人的效力。因此，保证金账户质押可以排除另案债权的强制执行。

## 知识拓展

**（一）一般往来账户或存款户中的款项能否设立保证金质押**

金钱的特定化是保证金质押关系成立至关重要的条件，未曾特定化的金钱无法成为质押标的物。如果出质人以一般往来账户或存款账户的资金作为保证金，即便在质押合同中约定将全部或部分资金特定化，也很难排除出质人使用该账户办理结算和存取款业务的可能性，使得质押保证金无法处于被质权人支配和控制的特定化状态，无法达到质押财产特定化的要求。如果在一般往来账户或存款账户中设立金钱质押，将会使质权人面临丧失对抗第三人的优先权。

**（二）质权人直接扣划保证金账户资金是否违反流质条款**

担保法中确立动产质押不得有流质条款，主要是避免出质人处于弱势地位而保护其利益。但是，保证金账户中的资金直接对应的是作为一般等价物的金钱，因此，在被保证人不履行主债务时，质权人需要行使质权时，不需要像一般动产那样双方协议以质物折价或拍卖等程序变现，而是可以在其债权额度范围内直接就质押的货币获得清偿。由此可知，质权人在债权未获清偿时直接从保证金账户中扣划资金是实现其质权的方式，是保证金账户质押这种担保方式的应有之义，这不属于流质条款，反而恰恰是保证金质押在质权实现方式上具有优势，可以减少交易成本和提高效率。

## 普法提示

**（一）规范保证金质押合同内容，防止发生风险**

为了最大限度地降低保证金质押的风险，保障质权人对保证金的优先受偿权，在办理每笔保证金质押业务时，应注意以下几点：一是要签订书面的主债权合同及保证金质押合同；二是在保证金质押合同中要对约定质押所担保债权的种类和数量、债务履行期限、质物数量和移交时间、担保范围、质权行使条件等进行明确约定，确保合同具备民法典物权编中质押合同的一般条款，对保证金的金额特别是保证金账户的户名和账号应予明确约定，以切实保障质权对保证金的优先受偿权。

（二）规范保证金账户开设管理，确保专款专用

在保证金账户开设及管理时，应当注意以下几点：一是在开立账户时，应当与结算账户区别开来，账户外观尽量加注特别标识，如"保证金"等字样，保障对外公示效力；二是规范保证金账户资金存入和支取事由、数额、用途及使用条件，做到专款专用，避免在账户内进行普通结算业务，不得在账户内存放保证金以外的其他资金；三是严禁将保证金作为流动资金使用；四是建立保证金账户台账，对保证金账户中存入和支取款项的时间、金额、事由等进行详细记录，做好合同文件、凭证等保管工作，以便必要时能够充分举证。

# 案例四 应收账款质押
## ——应收账款质权的设立及实现

吴娇[①] 王朔[②]

应收账款是指权利人因提供一定的货物、服务或设施而获得的要求义务人付款的权利以及依法享有的其他付款请求权，包括现有的和未来的金钱债权，但不包括因票据或其他有价证券而产生的付款请求权，以及法律、行政法规禁止转让的付款请求权。应收账款质押属于权利质权，是指为担保债务的履行，债务人或者第三人将其合法拥有的应收账款出质给债权人，债务人不履行到期债务或者发生当事人约定的实现质权的情形，质权人有权就该应收账款及其收益优先受偿。

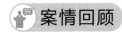 案情回顾

（一）事实经过

2017年9月7日，凌霄殿公司（出租人）与东海龙公司（承租人）签订《融资租赁合同》，为保障凌霄殿公司《融资租赁合同》项下债权的实现，东海龙公司作为出质人与凌霄殿公司作为质权人签订《应收账款质押合同》，约定有：

第一条 出质标的及登记

1.1 出质标的为东海龙公司所有水电站全部运营期内的电费收益，即东海龙公司售电产生的全部应收账款。

1.2 质权的效力及于应收账款在质押期间内产生的孳息（若适用）。

1.3 质权人到中国人民银行征信机构办理质押登记手续，出质人应予以

---

① 北京互联网法院综合审判一庭法官助理。

② 北京市第二中级人民法院民三庭法官。

协助。

第二条 担保的主债权及担保范围

2.1 担保的主债权为凌霄殿公司在主合同项下对东海龙公司享有的要求其支付融资租赁本金、融资利息、罚息、其他任何款项，以及因东海龙公司违反主合同约定而应承担的违约责任和 / 或赔偿责任。具体数额及履行期限以主合同的约定为准。

2.2 担保范围为主合同项下本金及利息、复利、罚息、违约金、损害赔偿金、保管担保财产和实现债权及担保物权的费用。实现债权的费用包括但不限于催收费用、诉讼费（或仲裁费）、保全费、公告费、执行费、律师费、差旅费及其他费用。

......

第五条 质权的实现

5.1 债务人未按时足额偿还全部或部分贷款、融资款本金或质权人垫付款项或相应利息时，质权人有权依法拍卖、变卖应收账款，并以所得价款优先受偿。质权人亦有权要求基础交易合同项下的付款方向质权人直接支付应收账款。

5.2 出质人同意：主合同同时受其他担保合同担保的，质权人有权自行决定行使权利的顺序，质权人有权直接行使质权而无需先行向其他担保人主张权利；质权人放弃在其他担保合同下的担保物权或其权利顺位或变更担保物权时，出质人仍按本合同承担担保责任而不免除任何责任。

上述合同签订后，2017 年 9 月 13 日，凌霄殿公司在中国人民银行征信中心就上述《应收账款质押合同》项下的应收账款办理了动产权属统一登记。

合同履行过程中，东海龙公司未能按照《融资租赁合同》的约定按时向凌霄殿公司支付款项，凌霄殿公司宣布《融资租赁合同》项下东海龙公司的全部租金于 2019 年 5 月 14 日全部提前到期。随后，凌霄殿公司诉至北京市第二中级人民法院，要求东海龙公司支付未付租金、逾期利息，并请求判决凌霄殿公司对东海龙公司质押的应收账款折价或拍卖、变卖所得价款优先受偿。

（二）裁判结果

北京市第二中级人民法院（以下简称"二中院"）经审理认为，凌霄殿公司与东海龙公司签订的《融资租赁合同》和《应收账款质押合同》，系双方当事人真实意思表示，不违背法律、法规的强制性规定，合法有效，双方当事人应当按照合同约定履行义务。

首先，关于东海龙公司是否应当向凌霄殿公司支付全部未付租金以及全部未付租金的逾期利息以及逾期利息标准。《民法典》第七百二十一条第一款规定"承租人应当按照约定的期限支付租金"；第七百二十二条规定"承租人无正当理由未支付或者迟延支付租金的，出租人可以请求承租人在合理期限内支付；承租人逾期不支付的，出租人可以解除合同"。由于东海龙公司欠付租金，凌霄殿公司起诉要求东海龙公司支付全部未付租金，其中包括未到期租金以及按照《融资租赁合同》约定计算的逾期利息。对此，二中院根据上述法律规定及双方的合同约定，支持了凌霄殿公司要求东海龙公司支付全部租金，并判决东海龙公司自每笔租金到期日开始向凌霄殿公司支付逾期利息。

其次，关于凌霄殿公司是否有权对东海龙公司质押的应收账款折价或者以拍卖、变卖该股权所得价款优先受偿。根据《民法典》第四百四十五条第一款的规定，"以应收账款出质的，质权自办理出质登记时设立"。凌霄殿公司与东海龙公司签订了《应收账款质押合同》，对出质标的、担保的主债权及担保范围进行了约定，且凌霄殿公司在中国人民银行征信中心就上述《应收账款质押合同》项下的应收账款办理了动产权属统一登记，故凌霄殿公司主张对东海龙公司质押的应收账款享有优先受偿权，二中院予以支持。

一审判决作出后，凌霄殿公司与东海龙公司均未上诉。

## ⚖ 法理分析

（一）《应收账款质押合同》的成立

应收账款质押合同中，一般应当包括以下内容：

1. 被担保的主债权的种类、数额。应收账款质押合同是为担保债务的履行而签订，应以主合同的成立与生效为前提，在应收账款质押合同中也应当明确被担保的主债权的种类和数额。

2. 应收账款的内容。对于应收账款的描述，通常采用概括性文字的形式进行，并附加账款起始日、账款到期日、证明账款的凭证类型和号码、金额等格式化信息，双方当事人也可以根据实际情况选择账款的描述方式。本案中的应收账款采用的即是概括性描述的方式，即东海龙公司所有水电站全部运营期内的电费收益。

3. 质押担保的范围。应收账款担保的范围除主合同约定的债务范围，一般双方当事人还可以约定担保范围包括罚息、违约金、损害赔偿金、保管担保财产和实现债权及担保物权的费用等。

除上述内容外，应收账款质押合同还可以进一步明确债务人履行债务的期限、质押登记、质权的实现等相关内容。

（二）应收账款质权自登记时设立

《民法典》第四百四十五条第一款规定，"以应收账款出质的，质权自办理出质登记时设立"。根据该规定，应收账款质押合同的签订并不意味着质权的设立，还需要借助登记这种公示方式来保证应收账款质押交易的安全性。我国应收账款质押登记的登记机构为中国人民银行征信中心。应收账款质押采用登记的公示方法，能够以权威的姿态，向所有外部第三人清晰地显示应收账款之上存在质权的事实，充分彰显物权的对世特性[①]。

---

[①] 刘保玉、孙超：《物权法中的应收账款质押制度解析》，载《甘肃政法学院学报》2007年第4期，总第93期。

根据中国人民银行发布的《应收账款质押登记办法》，应收账款质押登记相关的内容如下：

1. 登记人：应收账款质押登记由质权人办理，质权人也可以委托他人办理。

2. 登记内容：登记内容包括质权人和出质人的基本信息、应收账款的描述、登记期限，质权人也可以与出质人约定将主债权金额等项目作为登记内容。登记内容存在遗漏、错误等情形或登记内容发生变化的，质权人应当变更登记。

3. 登记期限：质权人根据主债权履行期限合理确定登记期限，登记期限最短 1 个月，最长不超过 30 年。在登记期限届满前 90 日内，质权人可以申请展期，展期期限最短 1 个月，每次不得超过 30 年。

应收账款质押在中国人民银行征信中心登记成功之后，任何单位和个人在注册为登记公示系统的用户后，都可以查询应收账款质押登记信息，应收账款质押因此取得对世特性。本案中，《应收账款质押合同》中约定了由质权人凌霄殿公司办理相应的登记手续，2017 年 9 月 13 日，凌霄殿公司在中国人民银行征信中心就上述合同项下的应收账款办理了动产权属统一登记，质权设立。

（三）应收账款质权的实现

关于应收账款质权的实现，《民法典》未作特别规定，但是《民法典》第四百四十六条规定，"权利质权除适用本节规定外，适用本章第一节的有关规定"，即权利质权适用动产质权的有关规定。根据《民法典》第四百三十六条第二款的规定，"债务人不履行到期债务或者发生当事人约定的实现质权的情形，质权人可以与出质人协议以质押财产折价，也可以就拍卖、变卖质押财产所得的价款优先受偿"。

实践中，基于质权的从属性，质权人通常会在要求债务人履行债务的诉讼中，同时请求确认其对应收账款的优先受偿权。本案中，凌霄殿公司即是通过诉讼主张东海龙公司偿还款项的同时，请求确认其对案涉应收账款享有优先受偿权。二中院在审理确认主债权的数额和范围后，判决凌霄殿公司对登记的质押应收账款享有优先受偿权。

## 💬 知识拓展

（一）应收账款质押与保理的对比分析

根据《民法典》第七百六十一条的规定，"保理合同是应收账款债权人将现有的或者将有的应收账款转让给保理人，保理人提供资金融通、应收账款管理或者催收、应收账款债务人付款担保等服务的合同"。按照保理人在债务人破产无理拖欠或无法偿付应收账款时，是否可以向应收账款债权人主张返还保理融资款本息或者回购应收账款债权，可分为有追索权保理和无追索权保理。其中，有追索权的保理更接近于用应收账款担保贷款，但是二者仍然存在本质上的区别：

1. 法律性质不同。应收账款质押本质是一种担保方式，适用民法典物权编的规定；保理的本质是一种贸易融资方式，适用民法典合同编的相关规定。

2. 对应收账款的债务人法律效力不同。在应收账款质押中，应收账款的债权人并不发生变更，法律也未规定应收账款质押应当通知应收账款的债务人；但是，保理融资中应收账款的债权主从权利转移，因此，保理融资原则上应当告知应收账款对应的债务人。

3. 还款来源不同。在应收账款质押中，应由出质人自身作为债务人清偿应收账款融资债务；保理融资的第一还款来源却是应收账款。

应收账款质押与保理均能基于应收账款实现融资，增强企业资金的流动性，但追根究底，二者分属两种完全不同的业务类型。

（二）可以进行质押的应收账款的特征

在《应收账款质押登记办法》中，对于可以进行质押的应收账款进行了规定：（1）销售、出租产生的债权，包括销售货物，供应水、电、气、暖，知识产权的许可使用，出租动产或不动产等；（2）提供医疗、教育、旅游等服务或劳务产生的债权；（3）能源、交通运输、水利、环境保护、市政工程等基础设施和公用事业项目收益权；（4）提供贷款或其他信用活动产生的债权；（5）其他以合同为基础的具有金钱给付内容的债权。可以进行质押的应收账款通常应当满足以下特征：

1. 应收账款应当是金钱债权，可以进行质押的应收账款应当是以金钱债权为内容的付款请求权。

2. 应收账款主要是合同债权，金钱债权除可以基于合同形成外，还可以因侵权、无因管理、不当得利形成，但进行质押的应收账款以买卖、租赁、承揽、服务等合同产生的金钱债权为主。

3. 应收账款应当是非证券化的付款请求权，对于票据、债券、仓单、提单、基金、股权等权利设立质押，《民法典》另设有条文进行规制。

4. 应收账款可以是未来债权，未来应收账款是指应收账款赖以成立的基础合同当前并不存在，但预期合同会达成，且会取得应收账款，如公路、桥梁的收费权，本案中水电站运营期内的收益也属于未来债权。

（三）应收账款多次质押，按照登记先后行使质权

在同一应收账款上设立多个权利的，质权人按照登记的先后顺序行使质权。

案例：2017年3月，天蓬公司作为出借人与大圣公司作为借款人签订《借款合同》。为担保大圣公司按时还款，双方还签订了《质押合同》，大圣公司以其对花果山蜜桃公司自2017年4月至2020年3月期间产生的应收账款，为《借款合同》项下大圣公司的全部债务提供质押担保。随后，天蓬公司就上述应收账款质押在中国人民银行征信中心办理了登记。借款到期后，大圣公司未能履行还款义务，天蓬公司将其诉到法院，请求偿还借款并实现质权。

该案诉讼过程中，经法院查明，早在2016年3月，大圣公司即与铁扇公司签订《应收账款质押合同》，将上述应收账款质押给铁扇公司，且铁扇公司办理的质押登记在先。故，天蓬公司对上述应收账款享有优先受偿权的

诉讼请求未获得法院的支持。

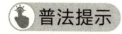 **普法提示**

**（一）加强贷前审查，谨防权利虚假**

中国人民银行征信中心作为应收账款质押的登记机构，根据其公告显示，其仅是发布信息的渠道，并不对账款的真实性进行审查，虽然其《中征应收账款融资服务平台应收账款融资信息合作主协议》约定了应收账款也须经过应收账款债务人形式上的确认，但这也并不必须构成应收债务人的还款承诺，登记平台参与机构依赖于其独立判断进行交易，并对其作出的判断承担全部责任。因此，在签订应收账款质押合同时，质权人可以主动与债务人联系，确认应收账款的真实性，也可以进一步核实应收账款的具体内容，如确认还款期限以推算诉讼时效等。同时，质权人还可以在登记平台查询应收账款信息，避免应收账款基础合同存在瑕疵或者被多次出质的情形。

**（二）设置监管账户，掌握资金流向**

《民法典》第四百四十五条第二款规定，"应收账款出质后，不得转让，但是出质人与质权人协商同意的除外。出质人转让应收账款所得的价款，应当向质权人提前清偿债务或者提存"。为保障质权人的权利，质权人可以与出质人约定，双方共同设置专用账户，作为应收账款的还款账户，也可以与相关银行签署关于专用账户的监管协议，由质权人或质权人委托的银行对账户进行监管，以此掌握应收账款的相关情况。

案例五 **流质协议之法律分析**

李丽<sup>①</sup> 李爽<sup>②</sup>

🗣 **案情回顾**

2016 年儿童节那天，借款人小俊与出借人小虎签订借条约定：小俊向小虎借款 160 万元，于 2016 年 7 月 31 日前归还。如逾期不还款，小俊自愿每天支付所有欠款的 5% 作为违约金。小虎担心小俊到期不还钱，要求小俊提供担保，刚好小俊朋友小建新买了一辆奔驰轿车，小俊便请求小建将奔驰车质押给小虎作担保。小建爽快地答应了。

于是小建与小虎签订了《机动车质押合同》约定，小建将其所有的奔驰车质押给小虎为上述借款提供担保，质押价格为 160 万元，质押期 60 天。小建保证在 2016 年 7 月 31 日 17 点前向小虎赎回，到期未赎回，且不办理续借手续，即视为违约。续借期超过三天再不赎回即视为小建自愿放弃回赎权，小虎拥有机动车所有权并拥有支配其的转移权和转让权。

为表诚意，在小建的认可下，小俊还出具了《承诺书》与《授权委托书》，约定在质押奔驰车出现绝押时，同意且授权小虎办理该机动车拍卖、转让、出售等事宜。合同签订后，小建将奔驰车交付给小虎。小虎按照约定当天给小俊指定账户转款 160 万元。

一转眼日子到了 2016 年 8 月 12 日，距离小俊应还钱的日期已经过去快半个月了。小虎见小俊迟迟不还钱，小建也不来找自己商量回赎奔驰车的事情。为了实现自己的债权，小虎便在北京新发地汽车交易市场以 163 万元的价格将涉案奔驰车卖给了冷冰冰。几天后，涉案奔驰车完成了过户登记，小

---

② 北京市第二中级人民法院民三庭法官助理。

虎获得卖车款 163 万元。

得知自己的车被卖了之后，小建非常生气，向法院起诉小虎，请求人民法院判令小虎处分质押物奔驰车的行为无效，并判令小虎向自己赔偿损失。

小虎感到很委屈，自己这么做明明是有合同约定的，《机动车质押合同》明确写着，如果到期不还钱，小虎就可以自行处分车辆，将车辆出卖是为了偿还小俊不能到期归还的债务，自己没有过错，不应该承担赔偿责任。

一审法院经审理认为，小虎与小建签订的《机动车质押合同》中关于"续借期超过三天再不赎回即视为小建自愿放弃回赎权，小虎拥有机动车所有权并拥有支配其的转移权和转让权"的约定违反了法律规定，小俊签署《承诺书》与《授权委托书》，约定在质押奔驰车出现绝押时，同意且授权小虎办理该机动车拍卖、转让、出售等事宜，该约定亦违反了原《物权法》（该法已于 2021 年 1 月 1 日起废止）关于"流质契约之禁止"的规定[①]，故小虎与小建、小俊签署的《机动车质押合同》第三条之规定与《承诺书》《授权委托书》的约定应属无效，小虎依据无效的合同条款处置出卖涉案奔驰车，其应属无权处分。因小虎已将涉案奔驰车出卖，无法返还，故应当承当赔偿责任。经评估公司采用重置成本法评估，确定当日涉案奔驰车的评估值为 200 万元，因小建与小俊并未实际清偿完毕小虎的借款本息，小建在本案中同意扣除小虎应当获偿的借款本息，故小虎应当在扣除其应获偿的借款本息的基础上赔偿小建的损失。

小虎对一审判决不服，上诉至北京市第二中级人民法院，小虎上诉理由主要是认为自己在处分质押物奔驰车的时候是为了实现自己的债权，并且有合同依据，该约定不应被认定无效，小虎不应当赔偿小建的损失。

二审法院经审理认为，一审法院认定小虎和小建签署的《机动车质押合同》第三条之规定与小俊出具的《承诺书》《授权委托书》的规定属于流质协议，因而无效[②]，并无不当之处。因小虎已将质押奔驰车出卖，给小建造成

---

① 该规定已经在《民法典》中进行了修改，详见后文。

② 该规定已经在《民法典》中进行了修改，详见后文。

财产损害，应当承当赔偿责任。二审法院作出了驳回上诉，维持原判的判决。

案例讲到这里，大家心中一定产生了疑惑，觉得债权人小虎有点难呀，明明是小俊到期不还钱，怎么小虎还要给他赔偿呢？所谓的流质协议到底是什么？为何当时的法律禁止当事人之间达成流质协议，但又在《民法典》中作出了修改呢？在适用《民法典》后，对本案案例又会产生什么变化，让我们一同来分析分析。

## ⚖ 法理分析

首先，我们先来明确流质协议的概念。流质协议是指在债权尚未到期时，当事人约定在债务到期不能偿还时，担保物的所有权直接转移给债权人。流质契约禁止制度最早起源于罗马法，随后被《法国民法典》所采纳，并影响大陆法系国家。

1995 年我国颁布的《担保法》第四十条规定，订立抵押合同时，抵押权人和抵押人在合同中不得约定在债务履行期届满抵押权人未受清偿时，抵押物的所有权转移为债权人所有。第六十六条规定，出质人和质权人在合同中不得约定在债务履行期届满质权人未受清偿时，质物的所有权转移为质权人所有。随后最高人民法院在原《担保法解释》第五十七条对流质条款的绝对禁止进行强调。

2007 年施行的《物权法》，延续了原《担保法》中关于流质契约禁止的规定。其第一百八十六条规定，抵押权人在债务履行期届满前，不得与抵押人约定债务人不履行到期债务时抵押财产归债权人所有。第二百一十一条规定，质权人在债务履行期届满前，不得与出质人约定债务人不履行到期债务时质押财产归债权人所有。2021 年 1 月 1 日起施行的《民法典》第四百二十八条规定，质权人在债务履行期限届满前，与出质人约定债务人不履行到期债务时质押财产归债权人所有的，只能依法就质押财产优先受偿。也就是即使双方进行了流质也只发生质押的效果。

之所以会禁止当事人签订流质契约，主要是基于保护债务人与第三人的利益，避免他们的利益遭遇暴利盘剥。因为往往在借款时债务人急于融资，处于弱势地位，很有可能会答应债权人的一些严苛要求，导致债务人或者第三人提供的担保物价值高于被担保的债权。在这种情况下，如果当事人之间达成流质协议，很难确定当事人的流质协议是基于真实自由的意思表示，违反公平原则。禁止当事人签订流质契约也有利于保护质权的价值权性质，在所有权预先约定转移给质权人所有，与上述价值权的性质相悖。

如果是由第三人提供担保的，同样存在上述问题。还存在债权人与债务人恶意串通的风险。债务人恶意到期不还债务，使得抵押物直接归于债权人，第三人如没有及时行使追偿权或追偿无果等，也会造成利益更大的损失。

是否构成流质协议，可以从以下几个方面进行判断：第一，广义的流质契约包括于抵押合同与质押合同中，所以流质契约也只存在于这两类合同中。第二，从双方约定的时间来看，流质契约的达成必须发生在债务到期前，若发生在债务到期后，则达成的协议便不能构成流质协议，而是一种折价、变卖等担保物权实现的方式。因为此时债务人对于是否能够清偿债务已经是确认状态，双方的地位已经平等，对于担保物的处分并不会损害担保人的利益。第三，从双方的约定内容来看，双方当事人直接约定债务不履行时担保物的归属，没有经过清算程序。

典型的流质协议，如当事人在合同中自行约定了担保物的价格，该担保物与债务价格相当，如到期未按时履行还款义务，届时以担保物的价格冲抵。因担保物的价格未经评估机构公平客观地进行评估，也会存在债权人刻意压价等行为损害债务人或第三人的利益。又如当事人在订立合同中，约定若当事人未能按时履行还款义务，则担保物直接归于债权人所有，可自由处置。本案中就是这种情况，小虎与小建签订的《机动车质押合同》约定的"续借期超过三天再不赎回即视为小建自愿放弃回赎权，小虎拥有机动车所有权并拥有支配其的转移权和转让权"，其意思为小俊如果到期没有偿还债务，就将出质物奔驰轿车的所有权直接转移给小虎，任由小虎处置。

在《民法典》施行前，我国对流质协议采用的是绝对禁止主义，从法律层面彻底否定了流质契约的效力。但纵观世界其他国家对流质协议的态度却不尽相同，大体可以分为绝对禁止模式、相对禁止模式、自由模式。我国将债权人与债务人的利益进行权衡，为避免担保物价值过高于被担保的债权而造成对债务人及其他人利益的损害而采用的绝对禁止主义。在学界也有些不同的声音。有些学者经研究认为应该对流质协议进行解禁。他们认为绝对禁止流质契约是一种对民商事活动自由的限制。众所周知，意思自治是民法领域最基本的原则，法律不应该对民事活动进行过多的干预。当事人在出质时会对出质物的价值有所估价，并且在自愿协商的过程中达成流质契约，并无不妥。并且通过可撤销合同的相关规范，足以保护当事人的利益不受损失的情况下，没有必要采取禁止流质契约的方式。

在综合了各方意见的基础上，立法机关最终适当开禁了流质契约。《民法典》第四百二十八条规定，质权人在债务履行期限届满前，与出质人约定债务人不履行到期债务时质押财产归债权人所有的，只能依法就质押财产优先受偿。这一条将原《物权法》中的第二百一十一条的规定，其中"履行期"修改为"履行期限"、将"不得与出质人约定债务人不履行到期债务时质押财产归债权人所有"修改为"与出质人约定债务人不履行到期债务时质押财产归债权人所有，只能依法就质押财产优先受偿"。这条规定的修改，有限地承认了流质契约的规则，更加贯彻意思自治作为民法的基本理念，尊重当事人私事的自主决定权，是法治进步的一大重要表现。

### 知识拓展

在现实生活中，存在一种在借款时，债务人或第三人与债权人签订合同，将财产形式上转让给债权人，如若到期没有偿还债务，债权人可就该财产受偿即让与担保。同样是涉及抵押物权属的转移，这种非典型的担保方式在法律上又有什么不同之处呢？司法实践中对让与担保采取了何种态度，让我们一起来看一下。

首先我们先来明确一下概念，让与担保是指债务人或者第三人为担保债务的履行，将标的物转移给他人，于债务不履行时，该他人可就标的物受偿的一种非典型担保。我国法律中并没有规定让与担保这种担保方式，但是由于其交易成本低，交易灵活、实现担保权便捷等优势，让与担保在担保活动中一直扮演着重要的角色。

如何识别当事人之间的合同是否属于让与担保呢？在实践中让与担保最常见的类型是以买卖合同出现的。虽然让与担保从表面上看是财产权的转移，但是实际上让与担保与通常的财产权转移合同并不相同。在财产权转移合同中，出卖人签订合同的目的是转移财产权获利，买受人的目的是获得财产权，买受人会为此支付合同对价。而在让与担保中，出卖人实际是担保人，而买受人是担保权人。买受人并不是为了要取得所转移的担保物，而是为了以此获得担保。买受人也无须为此支付对价。并且，让与担保作为一种非典型的担保方式，具有从属性，往往还存在一个主合同。当债权到期后，作为债权人的原告首先会请求法院确认自己对标的享有物权，而被告会抗辩双方实际是让与担保关系。

在《民法典》施行前，我国法律虽然未对让与担保进行明确的规定，但是2019年《全国法院民商事审判工作会议纪要》第七十一条对让与担保的效力进行了肯定。《民法典》对于非典型担保并未直接作出规定。《最高人民法院关于适用〈中华人民共和国民法典〉有关担保制度的解释》第六十八条规定，债务人或者第三人与债权人约定将财产形式上转移至债权人名下，债务人不履行到期债务，债权人有权对财产折价或者以拍卖、变卖该财产所得价款偿还债务的，人民法院应当认定该约定有效。当事人已经完成财产权利变动的公示，债务人不履行到期债务，债权人请求参照民法典关于担保物权的有关规定就该财产优先受偿的，人民法院应予支持。债务人或者第三人与债权人约定将财产形式上转移至债权人名下，债务人不履行到期债务，财产归债权人所有的，人民法院应当认定该约定无效，但是不影响当事人有关提供担保的意思表示的效力。当事人已经完成财产权利变动的公示，债务人不履行到期债务，债权人请求对该财产享有所有权的，人民法院不予支持；债权人请求参照民法典关于担保物权的规定对财产折价或者以拍卖、变卖该财产所得的价款优先受偿的，人民法院应予支持；债务人履行债务后请求返还财产，或者请求对财产折价或者以拍卖、变卖所得的价款清偿债务的，人民法院应予支持。债务人与债权人约定将财产转移至债权人名下，在一定期间后再由债务人或者其指定的第三人以交易本金加上溢价款回购，债务人到期不履行回购义务，财产归债权人所有的，人民法院应当参照第二款规定处理。回购对象自始不存在的，人民法院应当依照民法典第一百四十六条第二款的规定，按照其实际构成的法律关系处理。

由此可见，我国把具有物权效力的非典型担保（如让与担保）纳入法律保护的范围。让与担保是否会产生相应的物权效力，还需要当事人根据合同约定完成财产权利变动的公示，具体来讲即不动产已经办理了变更登记，动产已完成交付。而让与担保的物权效力也是指参照适用抵押和质押的规定，将担保财产拍卖、变卖、折价，并以所得价款优先受偿。

## 普法提示

通过本案可以知道我国法律从对流质契约采取的是绝对禁止的态度，到现在《民法典》中进行了重要修改，有限地承认了流质契约的规则。所以在本案中，如果适用《民法典》的相关规定，本案小虎与小建签订的流质契约就并不当然无效。小虎只能就质押财产优先受偿。《民法典》第四百三十六条第二款规定，债务人不履行到期债务或者发生当事人约定的实现质权的情形，质权人可以与出质人协议以质押财产折价，也可以就拍卖、变卖质押财产所得的价款优先受偿。《民法典》第四百三十八条规定，质押财产折价或者拍卖、变卖后，其价款超过债权数额的部分归出质人所有，不足部分由债务人清偿。

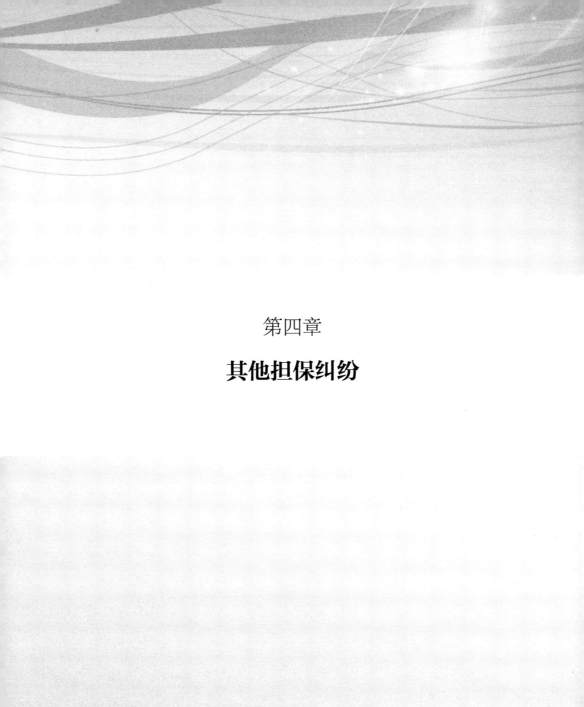

第四章

# 其他担保纠纷

案例一 | # 执行担保的构成要件及效力认定
## ——执行程序中担保的运用

王楠[①]  李楠[②]

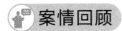案情回顾

　　2015 年 1 月，山谷公司、好再来酒店与鑫鑫公司达成借款协议，向鑫鑫公司借款 7000 万元，借款期限 18 个月，随后各方到天地公证处办理了公证债权文书，约定：若债务人未能按期履行义务，债权人依据公证债权文书向公证机关出具《执行证书》，便可直接通过向法院申请强制执行以实现债权。借款到期后，山谷公司、好再来酒店没有按约定的期限偿还借款。2017 年 7 月，债权人鑫鑫公司向法院提出执行申请，要求依据公证债权文书强制执行被执行人山谷公司、好再来酒店的财产。在执行过程中，申请执行人鑫鑫公司与被执行人山谷公司、好再来酒店签订《执行和解协议》，对本案中被执行人山谷公司、好再来酒店应偿付债务的履行期限及履行方式进行了变更，各方确认山谷公司、好再来酒店共同自 2017 年 8 月 1 日至 2021 年 8 月 1 日分期偿还欠款，还约定如山谷公司、好再来酒店违反上述协议，申请执行人鑫鑫公司可申请法院恢复本案依据的原生效法律文书的执行。此外，保证人王刚、张利、刘建、义气公司、好兄弟公司于上述执行和解协议签订期间向法院提交了《保证书》，为双方当事人签订的《执行和解协议》提供保证，担保范围为申请执行人鑫鑫公司与被执行人山谷公司、好再来酒店签订的《执行和解协议》及双方签署的补充协议项下的二被执行人应向申请执行人鑫鑫公司承担的债权本金、利息、罚息及申请执行人鑫鑫公司为实现债权

　　① 北京市第二中级人民法院民三庭副庭长、法官。
　　② 北京市第二中级人民法院民三庭法官。

所支付的律师费、信托报酬、手续费、信托计划项下应付的保管费、托管费、代理费、资金收付代理费、执行费、评估费、拍卖费等相关费用。之后，山谷公司、好再来酒店仍未能按照《执行和解协议》的约定按期偿还鑫鑫公司的借款。申请执行人鑫鑫公司向执行法院申请追究保证人王刚、张利、刘建、义气公司、好兄弟公司的保证责任，要求其在保证责任范围内对案件中被执行人山谷公司、好再来酒店的债务承担清偿责任。法院依照《最高人民法院关于适用〈中华人民共和国民事诉讼法〉的解释》第二百六十九条、第二百七十条的规定，作出裁定：1. 保证人王刚、张利、刘建、义气公司、好兄弟公司在保证责任范围内对申请执行人鑫鑫公司承担清偿债务的责任（执行和解协议中已履行的部分予以扣除）。2. 逾期不履行上述义务，法院将依法强制冻结、划拨保证人王刚、张利、刘建、义气公司、好兄弟公司相应银行存款。采取上述措施后仍不足以履行生效法律文书确定的义务，则依法查封、扣押、拍卖、变卖保证人王刚、张利、刘建、义气公司、好兄弟公司应当履行义务部分的其他财产。

## ⚖ 法理分析

本案中，案外人王刚、张利、刘建、义气公司、好兄弟公司通过向法院提交担保书，为鑫鑫公司与山谷公司、好再来酒店签订《执行和解协议》提供了执行担保，属于典型的执行担保的案例。主要适用的法律规定是《民事诉讼法》第二百三十一条、第四百七十条、第四百七十一条以及《最高人民法院关于执行担保若干问题的规定》（以下简称《执行担保规定》）。关于本案，有几个问题需要进一步解释。

（一）何为执行担保

根据《执行担保规定》第一条的规定，执行担保，是指担保人依照民事诉讼法第二百三十一条规定，为担保被执行人履行生效法律文书确定的全部或者部分义务，向人民法院提供的担保。《民事诉讼法》第二百三十一条规定，在执行中，被执行人向人民法院提供担保，并经申请执行人同意的，人民法院可以决定暂缓执行及暂缓执行的期限。被执行人逾期仍不履行的，人民法院有权执行被执行人的担保财产或者担保人的财产。

根据法律规定，在执行程序中，为被执行人履行生效法律文书确定的义务向法院提供的担保才属于执行担保。执行程序的其他担保，例如，执行异议、复议审查期间被执行人、利害关系人为请求停止相应处分措施而提供的担保，案外人异议审查时为解除对异议标的查封、扣押、冻结而提供的担保，为解除保全措施提供的担保，第三人撤销之诉中第三人为中止执行提供的担保，均不属于此之所谓执行担保，不适用上述法律及司法解释中关于执行担保的规定。一方面，上述情形中提供担保的主体各不相同，担保事项也差异较大，很难涵盖在同一制度之下。另一方面，执行担保的法律效果是不经诉讼程序，直接要求相应主体承担责任，这种对当事人程序保障的限制，应当有法律的明确规定。因此，《执行担保规定》将执行担保明确限定在《民事诉讼法》第二百三十一条，即为被执行人履行生效法律文书确定义务提供的担保。

（二）执行担保的构成要件

根据《民事诉讼法》及司法解释的有关规定，执行担保应当具备以下要件：

1. 被执行人或案外人提供执行担保应当经过申请执行人的同意。《执行担保规定》第六条规定：被执行人或者他人提供执行担保，申请执行人同意的，应当向人民法院出具书面同意意见，也可以由执行人员将其同意的内容记入笔录，并由申请执行人签名或者盖章。根据上述规定：执行担保需要申请执行人同意。只有经过申请执行人同意才构成执行担保，发生暂缓执行的后果，否则不构成执行担保，不发生暂缓执行的后果。申请执行人同意的形式，包括出具书面意见或者记入笔录并签名或盖章两种。

2. 该执行担保不但要取得申请执行人的同意，还应得到执行法院的批准，并向执行法院提出书面担保申请。执行担保区别于一般担保的重要特征即担保应当由被执行人或案外人向执行法院作出。在这里我们需要区分执行担保与向申请执行人作出担保承诺，这两种行为在执行程序和效果上都有不同效果。首先，在执行程序中仅向申请执行人作出的担保承诺，不发生暂缓执行程序的效果；其次，若担保人发生违约，执行法院不能直接执行担保人提供担保的财产，申请执行人仍需通过诉讼途径实现自身合法权益。因此，若各方当事人达成协议，为申请执行人提供执行担保，应当向执行法院提供担保书，以期达到有效维护各方利益的执行效果。

3. 被执行人或案外人如提供财产担保，还应参照《民法典》的有关规定办理相应手续。《执行担保规定》第七条规定，被执行人或者他人提供财产担保，可以依照《民法典》规定办理登记等担保物权公示手续；已经办理公示手续的，申请执行人可以依法主张优先受偿权。申请执行人申请人民法院查封、扣押、冻结担保财产的，人民法院应当准许，但担保书另有约定的除外。

在执行程序中，被执行人或者案外人作出的符合上述要件的担保行为可被认定为执行担保，担保人应受有关执行担保法律规定的约束。执行法院可直接出具裁定书，申请人可直接申请执行该担保人的财产。

（三）执行担保的期间应如何确定

《执行担保规定》第十二条规定：担保期间自暂缓执行期限届满之日起计算。担保书中没有记载担保期间或者记载不明的，担保期间为一年。本条规定使得执行担保的期限更明确，并且更具有可执行性。

一方面，《最高人民法院关于适用〈中华人民共和国民事诉讼法〉的解释》（以下简称《民诉法解释》）第四百六十九条曾经规定过担保期限，但因其内涵与担保法的保证期间明显不同，实践中常常引发误解。本条确立了担保期间的起算时点，变更了《民诉法解释》第四百六十九条 [①] 关于"暂缓执行的期限应当与担保期限一致"的规定，使担保期限的规定更具有合理性和

---

① 《最高人民法院关于适用〈中华人民共和国民事诉讼法〉的解释》第四百六十九条：人民法院依照民事诉讼法第二百三十一条规定决定暂缓执行的，如果担保是有期限的，暂缓执行的期限应当与担保期限一致，但最长不得超过一年。被执行人或者担保人对担保的财产在暂缓执行期间有转移、隐藏、变卖、毁损等行为的，人民法院可以恢复强制执行。

可操作性。

另一方面，任何权利的行使都不能没有约束，如果申请执行人长期不主张权利，既会对担保人的生产、生活产生不利影响，还存在利用执行担保使担保人财产被长期查封，进而规避担保的债权人求偿权实现的问题。最终，《民诉法解释》规定，申请执行人应当在担保期间内对担保人主张权利，否则担保人的担保责任将得以免除。

💬 **知识拓展**

（一）执行担保后违约，法官是否需裁定追加担保人为被执行人

关于这个问题，我们通过两个小案例来比较分析。

案例1：孙一欠钱二20万元。钱二诉讼后依据生效判决书向法院申请强制执行。执行过程中，案外人赵丙自愿以其所有的小轿车一辆为被执行人孙一提供担保，三方达成和解协议。履行过程中，被执行人孙一违约，钱二向法院申请恢复强制执行，并申请依法拍卖或变卖案涉车辆。

案例2：李甲欠张乙10万元。通过向法院起诉，法院判决李甲向张乙偿还借款本金和利息。该判决生效后，张乙向法院申请强制执行。执行过程中，案外人赵丙自愿为被执行人李甲提供担保，三方达成和解协议。履行过程中，被执行人李甲违约，张乙向法院申请恢复强制执行，并要求担保人赵丙承担还款责任。

上述案例中，执行担保所涉债务的和解协议均未履行，债权人张乙、钱二向法院申请恢复强制执行，法院是否需要裁定追加担保人赵丙为被执行人，应当区分具体情况予以认定。

根据《执行担保规定》第二条规定，执行担保可以由被执行人提供财产担保，也可以由他人提供财产担保或保证。如果执行担保后发生了违约情形，对于法院恢复强制执行时是否需裁定追加担保人为被执行人的问题，不能一概论之。执行实务中，应当参照担保法律关系中有关物的担保和人的保证的

相关规定具体分析。

1. 对于担保人以其所有的特定物为被执行人提供担保的，系物的担保即"物保"，如案例1，强制执行标的为该具体的特定担保物，并非担保人的全部财产。执行程序中，担保人提供物的担保须经当事人同意，并由法院审查确定担保物权属清晰、无权利瑕疵，且能够涵盖债务。如发生违约情形，法院可以直接执行该特定担保物，无需裁定追加担保人为被执行人。如担保物发生被隐藏、变卖、毁损等情况时，法院可要求担保人依法如实提供担保物或提供与担保物价值相当的其他财产予以替代执行。担保人未按法院的执行通知书履行的，可依法追究其妨害民事诉讼行为的法律责任，情节严重的，可追究其刑事责任。

2. 对于担保人直接为被执行人履行债务提供担保的，系人的保证即"人保"，如案例2，其实质是担保人以其所有的财产在保证责任范围内为案涉债务纠纷提供保证。担保人的财产具有宽泛性和抽象性，担保人提供保证后故意规避执行的，在担保人非被执行人的情况下，增加了法院准确查控担保人的财产的难度。对于执行过程中拟处置的担保人的财产权属是否清晰、是否存在价值瑕疵、是否超标的查封、权利负担的处理及其他权利人（共有人、承租人、抵押权人等）如何救济等问题，亦于担保人为被执行人的基础上通过执行异议程序予以解决。考虑到执行担保与变更、追加执行当事人在民事诉讼法上属于不同的法律制度，《执行担保规定》明确规定，人民法院可以根据申请执行人的申请，直接裁定执行担保财产或者保证人的财产，不得将担保人变更、追加为被执行人。其法理基础在于，担保人在执行案件中提供财产担保是就特定财产设定的担保。若法院追加、变更担保人为被执行人，则变相将担保财产的范围及于担保人的全部财产。而且，追加担保人作为被执行人，担保人将享有被执行人在执行程序中的权利，相对于其仅提供特定财产作为担保，存在权利义务不对等的情况。

（二）执行担保中的担保人承担担保责任后能否向被执行人追偿

《执行担保规定》出台前，对于执行案件中担保人是否有权向被执行追偿以及如何追偿的问题无明确规定，这导致司法实践中的做法并不统一。有的法院认为担保人在承担担保责任后，必须通过起诉的方式进行追偿；有的法院则从鼓励担保人积极性和最大限度保护其权益的角度，在裁定执行担保人财产的同时明确担保人可以通过直接申请执行被执行人的方式行使追偿权；还有的法院不允许担保人进行追偿。

《执行担保规定》第十四条规定，担保人承担担保责任后，提起诉讼向被执行人追偿的，人民法院应予受理。该条明确了担保人应当通过诉讼程序对被执行人进行追偿。

### （三）执行程序中的担保人与承诺还款的第三人一样吗

在执行程序中，我们需要厘清两个法律概念，一个是执行担保人，另一个是在执行程序中向执行法院承诺代被执行人履行还款义务的第三人。二者具有微妙的相同点和区别，极易混淆。二者之间的区别，主要有两点：

#### 1. 执行程序是否暂缓

执行担保以暂缓执行或者变更、解除执行措施为目的，由被执行人或者他人提供财产担保、保证，以担保被执行人履行生效法律文书确定的全部或者部分义务，为被执行人争取资金回笼、腾挪时间和空间。而第三人承诺代为还款则没有此项限制，其愿意主动承担还款义务，更类似于在执行程序中的债务加入。

#### 2. 可否追加其为被执行人

如果第三人是执行担保人，根据《执行担保规定》第十一条第一款规定，即使被执行人到期没有按约还款，执行法院也不能追加执行担保人为被执行人而直接执行其财产。而如果是作出代为还款承诺的第三人，根据《最高人民法院关于民事执行中变更、追加当事人若干问题的规定》第二十四条"执行过程中，第三人向执行法院书面承诺自愿代被执行人履行生效法律文书确定的债务，申请执行人申请变更、追加该第三人为被执行人，在承诺范围内承担责任的，人民法院应予支持"的规定，法院则可以直接追加第三人为被执行人。

二者的一个重大区别就是，自愿作出还款承诺的第三人被追加为被执行人之后，地位就是当事人，承担的是全部还款义务，不执行完毕决不罢休，一旦发现财产可供执行随时可以申请恢复执行。而执行担保人有的作出的承诺是全部担保，有的是部分担保；有的是物保，有的是人保，如果执行担保人作出承担执行标的 30% 的还款承诺，执行法院一旦将其追加为被执行人，他所要承担的还款义务就不仅仅是 30%，而是 100%，而其作出的承诺却只是其中的 30%，根据《执行担保规定》第十一条第二款规定"执行担保财产或者保证人的财产，以担保人应当履行义务部分的财产为限"。另外，执行担保人除了是在执行程序中作出担保，其他的法律适用和担保法中规定的担保人的条款都一样，超过担保期间，执行担保人就免责了。所以，不管执行担保人作出的是何种类型的担保，将其追加为被执行人都不合适。

## 👆 普法提示

没有救济，就没有权利。当法律赋予一项权利，却没有规定如何救济时，这项法律就是一纸空文。执行担保的本质，是担保人就被执行人履行还款义务向法院作出的具有法律效力的义务性承诺，作为法院在执行程序中经常适用的执行方式，执行担保具有公法和私法双重属性。该制度一方面增加了债权人权利实现的可能性，另一方面通过适当延缓债务人债务履行的期限，帮助债务人整顿生产经营，筹措资金，提高偿债能力，对保护债务人的合法权益，稳定经济发展、改善营商环境有着积极意义，在执行程序中经常被适用。对此，我们提出如下几点建议：

1.被申请执行人可以充分利用执行担保的方式，与申请执行人在执行程序中达成和解，为履行相应法律义务提供保障，为自身筹措资金、盘活企业争取宝贵时间。

2.申请执行人对担保人的履约能力或提供的担保财产的合法性及相应价值进行审慎核查，以提高自身债权实现的可能性。

3.案外人以担保人身份为被申请执行人提供担保的，应当慎之又慎，对债权本身以及申请执行人与被申请执行人之间关于执行和解协议的内容进行了解，并在相关协议中写明有关追偿事宜的约定，保障好自身权益。

案例二 | **定金担保**
——定金担保的法律效力及注意事项

王朔① 吴娇②

定金，是指为确保合同的订立或者合同的履行，一方当事人预先给付另一方当事人一定数量的金钱，以保障合同主债权的实现。定金是我国民法典物权编确定的债的担保方式之一。定金罚则是指给付定金的一方当事人不履行约定的债务的，无权要求返还定金；收受定金的一方当事人不履行约定的债务的，应当双倍返还定金。

## 案情回顾

### （一）事实经过

2017 年 12 月 30 日，武二松（乙方）与聚义堂公司（甲方）签订《定金协议》，其中约定："乙方高度认同聚义堂公司的战略规划和发展理念，愿意加入并与聚义堂公司共同成长……十、现场支付定金的，说明合作决心大，甲方将免试直接通过资格审查，并为其保留和独占在梁山泊市建分院的名额 15 天，总部不再接受其他建院申请。乙方缴纳定金后，甲方立即安排进货和备料。【现场交定金＋特别优惠】一、现场签本定金协议并支付一万元定金的，乙方分院独占名额延长保留至 35 天，如到乙方现场确认，乙方办公空间却不具备承办分院条件的，将全额退还已缴纳定金部分……"协议还约定了其他权利义务。

《定金协议》签订当日，武二松向聚义堂公司支付了一万元定金。后双方对《定金协议》中表述的独占名额的理解发生争议。

---

① 北京市第二中级人民法院民三庭法官。
② 北京互联网法院综合审判一庭法官助理。

武二松认为，《定金协议》第十条约定了"保留和独占在梁山泊市建分院"，则聚义堂公司只能允许自己在梁山泊市范围内设立分院，其他律所和个人均不能在梁山泊市所在范围另行设立分院。

聚义堂公司认为，上述《定金协议》中的独占名额是指其与武二松签订协议之后，武二松所在律所的其他律师不能再与聚义堂公司签订协议，但是其他律师事务所的律师可以再行与聚义堂公司签订协议。独占并非排除同一地区其他律师事务所与聚义堂公司签订协议，某一地区建立分院的数量，由聚义堂公司总部根据地区规模进行确定，省会城市一般会设立 4—5 家。为此，聚义堂公司向法庭提交了其与其他直辖市、省会城市以及其他大型城市的多家律师事务所签订的《合作协议》，亦提交了一份 2017 年 12 月 31 日与梁山泊市另一家律师事务所签订的《合作协议》作为佐证。

武二松对聚义堂公司的解释不予认可，拒绝与聚义堂公司签订《合作协议》，并要求聚义堂公司双倍退还定金，聚义堂公司拒绝退还，故武二松诉至法院，请求判令聚义堂公司双倍返还定金 2 万元。

（二）一审裁判结果

一审法院经审理认为，本案系定金合同纠纷，双方的《定金协议》系为了签订《合作协议》而签订，现《合作协议》并未签订，且武二松已经明确表示拒绝与聚义堂公司签订《合作协议》，《合作协议》已经无签订之可能。故应对武二松向聚义堂公司交付的定金作出处理。

本案的争议焦点在于双方《定金协议》第十条所约定的"保留和独占在梁山泊市建分院的名额"的含义，只有确定了"独占"建院的含义，才能据此认定协议双方是否存在违约。一审法院经审理认为，该争议条款的含义应认定为聚义堂公司不得接受《定金协议》外任何第三人在梁山泊市建立分院的申请。但是，聚义堂公司于 2017 年 12 月 31 日——与武二松签订《定金协议》第二天——便与梁山泊市另一家律师事务所签订了《合作协议》，设立分院，该行为属于违约，应承担相应的违约责任，双倍返还定金。一审法院对聚义堂公司的抗辩意见不予采纳，判决聚义堂公司双倍返还武二松支付的定金。

### （三）二审裁判结果

一审法院判决后，聚义堂公司不服，上诉至北京市第二中级人民法院，请求撤销一审判决，改判驳回武二松的诉讼请求。聚义堂公司的主要理由为：（1）一审判决对《定金协议》第十条所约定的"保留和独占在当地建分院的名额"的解释，仅局限于文义解释，明显不符合诚实信用原则。聚义堂公司从未承诺武二松设立分院享有地域独占权，且武二松亦知晓其不享有地域独占权，聚义堂公司并未违约。（2）一审判决未查明武二松履约不能的事实，武二松拒绝与聚义堂公司签订《合作协议》，是因为其不具备签订正式协议的条件，其属客观上履约不能，即武二松在签署《定金协议》时使用的律师事务所名称并不存在。即使聚义堂公司存在违约行为，但武二松亦因存在客观上的履约不能导致其主观上表示不履约，实际上也已经构成违约，故不应退还定金。

北京市第二中级人民法院经审理认为，武二松与聚义堂公司签订的《定金协议》合法有效，双方应当按照协议的约定履行义务。按照《定金协议》第十条及【现场交定金＋特别优惠】中的约定，2017年12月30日，在武二松现场支付一万元定金并签订《定金协议》之后，聚义堂公司应当按照协议约定的时间为武二松保留独占在梁山泊市建分院的名额。但是，聚义堂公司于次日即与梁山泊市另一家律师事务所签订《合作协议》，设立分院，违反《定金协议》"不再接受其他建院申请"的约定，聚义堂公司应当承担相应责任。至于聚义堂公司主张武二松客观上不具有履约能力才是武二松不与聚义堂公司签订《合作协议》的真实原因，无论该情况是否属实，均无法对聚义堂公司于2017年12月31日即违反《定金协议》的事实构成抗辩，亦不能免除聚义堂公司承担双倍返还定金的责任。由此，北京市第二中级人民法院维持了一审法院的判决结果。

## 法理分析

### （一）案涉《定金协议》的成立与生效

原《担保法》第九十条规定："定金应当以书面形式约定。当事人在定金合同中应当约定交付定金的期限。定金合同从实际交付定金之日起生效。"

新颁布的《中华人民共和国民法典》（以下简称《民法典》）第五百八十六条第一款对上述规定的内容进行了变更："当事人可以约定一方向对方给付定金作为债权的担保。定金合同自实际交付定金时成立。"根据《民法典》的规定，定金合同的成立须满足以下条件：

首先，定金合同须经当事人意思表示一致。本案中，2017 年 12 月 30 日，武二松与聚义堂公司签订《定金协议》，约定现场签订《定金协议》并支付一万元现金的，聚义堂公司将为其保留和独占在梁山泊市建分院的名额 35 天。武二松与聚义堂公司双方就签订《定金协议》达成一致的意思表示。

其次，定金合同自一方当事人实际交付定金时成立。根据原《担保法》的规定，定金合同的成立与生效可以不同时发生，定金合同成立于书面合同签订之时，定金合同生效于交付定金之日；但是，根据《民法典》的规定，定金合同成立与生效均始于交付定金之时。具体到本案中，签订《定金协议》的当天，武二松即向聚义堂公司支付了一万元定金，双方《定金协议》成立。聚义堂公司收受定金后，应当按照协议的约定，为武二松"保留和独占"在梁山泊市建分院的名额 35 天。

### （二）案涉武二松支付的定金为立约定金

根据定金对于保障合同双方的权利所具有的不同功能，可以将定金类型分为立约定金、成约定金、解约定金、违约定金。不同类型的定金对应不同的担保功能：

1.立约定金是为正式订立主合同提供的担保；

2.成约定金是以交付定金作为主合同成立或者生效要件，如果给付定金的一方未支付定金的，但主合同已经履行或者已经履行主要部分的，不影响主合同的成立或者生效；

3. 解约定金是以丧失定金为代价保留单方解除合同的权利；

4. 违约定金是指为保障主合同的顺利履行，双方当事人预先约定当一方当事人不履行债务或者履行债务不符合约定时，适用定金罚则。

本案中，按照《定金协议》的约定内容，武二松向聚义堂公司支付定金，是为了通过与聚义堂公司签订正式的《合作协议》，取得在梁山泊市建立分院的名额。因此，本案中的定金应为立约定金。

（三）武二松拒绝签订《合作协议》，系因聚义堂公司行为致使其合同目的无法实现

当事人约定以交付定金作为订立主合同担保的，给付定金的一方拒绝订立主合同的，无权要求返还定金；收受定金的一方拒绝订立合同的，应当双倍返还定金。本案中，作为主合同的《合作协议》并未签订，武二松拒绝订立《合作协议》后，请求聚义堂公司双倍返还定金，该种情况下是否适用定金罚则，不能简单套用上述法律规定，而是应当首先确定合同双方当事人有无过错，进而判断由谁负担责任。

本案中，按照《定金协议》第十条的约定，"现场支付定金的，说明合作决心大，甲方（聚义堂公司）将免试直接通过资格审查，并为其保留和独占在梁山泊市建分院的名额15天，总部不再接受其他建院申请"；另外，《定金协议》中【现场交定金＋特别优惠】部分进一步强调，"现场签本定金协议并支付一万元定金的，乙方（武二松）分院独占名额延长保留至35天"。武二松签订上述《定金协议》并支付定金，是期待订立《合作协议》后，取得在梁山泊市独占建院的资格。

庭审中，聚义堂公司与武二松关于《定金协议》中"独占"的含义各执一词。"独占"的汉语解释为"独自占有或占据"，即除确定的主体之外排除其他主体占有。故，"保留和独占在当地建分院的名额"应理解为聚义堂公司保证合作相对方具有排除其他主体在梁山泊市建分院的资格和可能

性，包括同一律所其他律师亦包括其他律师事务所的律师，否则无法达到独自占有的效果。并且，该表述后方载明："……总部不再接受其他建院申请"，该"其他建院申请"无任何定语，表明无任何限制性条件，亦印证聚义堂公司承诺在该独占期间内不作区分地拒绝接受任何主体的建院申请。显然，聚义堂公司在与武二松签订《定金协议》后的第二天，即与其他律所签订《合作协议》，在梁山泊市设立分院，致使武二松期待在该地"独占"建院的目的无法实现。

本案中，虽是武二松拒绝签订主合同，但究其原因，系聚义堂公司的行为导致武二松"独占"建院的目的无法实现，聚义堂公司对于双方未订立主合同存在过错，应当承担相应的法律责任。

（四）聚义堂公司主张武二松不具备定约条件，不影响定金罚则的适用

关于聚义堂公司主张武二松所在律所不能提供《定金协议》所约定的场地，故不应退还定金的抗辩意见，能否影响本案中定金罚则的适用问题，分析如下：

第一，《定金协议》第十条明确约定，现场支付定金的，说明合作决心大，甲方将免试直接通过资格审查，……乙方缴纳定金后，甲方立即安排进货和备料。武二松系当场交纳定金，故属于免试通过资格审查的主体，聚义堂公司应立即安排进货和备料，不应以武二松提供合适场地等其他因素为条件。

第二，"现场交定金＋特别优惠"条款载明的内容，是对现场交定金一万元的独占时间延长的约定，同时，约定如到乙方现场确认，乙方办公条件不具备承办分院条件的，全额退还已缴纳定金。其含义应指，如果需要到武二松所在办公现场确认，而武二松办公条件不具备建立分院条件的，聚义堂公司承诺全额退还定金。该条款作为优惠条款，系指对于现场交纳定金主体赋予更多权利，而非作出更多限制性要求。在该优惠条款上方已经就免予资格审查做出承诺的基础上，进一步明确了退款条件，而非强调场地及办公条件的审查，且"到乙方现场确认，乙方办公空间却不具备承办分院条件的"

构成一个完整的退款条件，而不应断章取义并错误地理解为聚义堂公司有权审查武二松场地，并据此作出是否合作的决定之理解。

因此，聚义堂公司的该主张无法对其于 2017 年 12 月 31 日即违反《定金协议》的事实构成抗辩，亦不能免除聚义堂公司承担双倍返还定金的责任。

### 💬 知识拓展

（一）定金担保的特征

定金作为五种典型担保方式（保证、抵押、质押、留置、定金）之一，与其他四种担保方式相比，具有以下特征：

1.定金担保的设立程序相对简易。定金担保只需双方当事人订立定金合同，并由一方当事人交付定金，担保即成立并生效，无需另外进行登记，或者审查担保物的权属等。

2.定金担保的担保功能具有双向性。保证、抵押、质押、留置等担保方式的担保功能均是单向的，即债务人就债务向债权人提供担保；定金担保的却是债务人和债权人双方的利益。在定金担保方式下，债权人和债务人均应当履行合同，任何一方不履行合同，都有可能引发适用定金罚则。

3.定金担保的实现方式相对简便。特别是对于收受定金一方，当支付定金一方出现违约，收受定金一方可以即时且无需他人配合地实现定金的担保功能，即对收受的定金不予退还，无需通过拍卖、变卖、向保证人主张权利或者诉讼即可实现担保。

（二）定金罚则与违约金的适用问题

《民法典》第五百八十八条第一款规定，当事人既约定违约金，又约定定金的，一方违约时，对方可以选择适用违约金或者定金条款。根据该条的规定，定金罚则与违约金不能并用，这是因为定金罚则与违约金的适用均是为了弥补损失。法律赋予守约方在适用定金罚则或者违约金之间的选择权，可以使守约方选择对自己最有利的方式，补偿其损失。上述条文第二款规定"定金不足以弥补一方违约造成的损失的，对方可以请求赔偿超过定金数额的损失"，这款规定是原《担保法》相应规定上增加的内容，即守约方在适用定金罚则后，仍不足以弥补其因守约产生的损失的，可以就其损失继续请求赔偿。增加的这部分规定，从公平原则出发，更有利于保障守约方的利益。

值得注意的是，如果守约方是支付定金的一方，可以选择适用定金罚则即主张收受定金一方双倍支付定金，但是如果其选择主张违约金，则在主张违约金的同时，还可以一并请求返还自己支付的定金。例如，王军向李兵购买一批陶瓷，价格2000元，王军支付了200元定金，并约定违约金为250元，合同生效后，李兵通知王军无法向其提供该批陶瓷。该种情况下，王军可以选择适用定金罚则，要求李兵双倍返还定金400元；也可以选择适用违约金条款，要求李兵返还200元定金，并支付250元的违约金。更进一步，如果王军因陶瓷无法按时交付损失300元，则按照《民法典》的上述规定，其可以请求适用定金罚则后，继续就超过定金数额的100元损失向李兵请求赔偿。

### 普法提示

**（一）区分"定金"与"订金"，谨防担保无着落**

"订金"是指为预订所付的钱款，是为订立合同支付的预付款项。"定金"与"订金"的主要区别在于是否具有担保合同履行的效力，即在一方当事人不履行合同义务时，是否会适用惩罚性规则。定金合同要求"名实并举"，分辨哪些款项具有定金的性质，关键在于当事人订立的合同内容中是否有符合定金性质的定金罚则的约定。

当事人交付留置金、担保金、保证金、订约金、押金或者订金等，但没有约定定金性质的，当事人主张定金权利的，人民法院不予支持。因此，如果在立约时，使用了"订金"，则支付的款项不能作为定金使用，不能适用定金罚则。因此，定金条款的约定应当尽量清晰，避免产生分歧。实践中，如果当事人没有写明支付的款项是"订金"还是"定金"，但是约定当一方当事人不履行合同义务时，会导致丧失定金或双倍返还定金，那么也可以视为合同约定的为"定金"。

（二）交付定金数额不同于合同约定，以实际支付数额为准

《民法典》第五百八十六条第二款规定，实际交付的定金数额多于或者少于约定数额，视为变更约定的定金数额。如果收受定金一方在交付定金时，提出异议并拒绝接受定金的，定金合同不生效。基于定金合同的实践性，在收受定金一方不提出异议的情况下，定金的数额将根据实际交付定金的数额进行确认。

（三）切记定金有限额，绝非数额越高保障越大

根据《民法典》第五百八十六条第二款的规定，定金的数额由当事人约定；但是，不得超过主合同标的额的百分之二十，超过部分不产生产金的效力。法律为定金数额设置限制，是为了避免定金罚则过于严厉。根据上述法律规定，如果定金合同中约定的定金数额超过主合同标的额的20%，则在适用定金罚则时，只能按照主合同标的额的20%进行计算。

案例三　**混合担保的责任承担及追偿问题**
　　　　——兼论非上市公司对外担保的效力认定

李爽 [1]

## 🗣 案情回顾

本案是一个既存在第三人提供的物的担保，又存在两名保证人的混合担保案例。

2017 年 3 月 2 日，大款公司与缺钱公司签订《借款协议》，约定缺钱公司向大款公司借款 6000 万元，借款利息为年利率 7.5%。借款期限为 3 个月。缺钱公司于债务到期之日一次性还清本息。同日，大款公司将 6000 万元借款支付至缺钱公司账户，缺钱公司确认收到该借款。

2017 年 4 月 1 日，担保人邓小妹与雄大哥分别向大款公司出具《担保函》，为缺钱公司《借款协议》项下债务提供连带保证责任。同日，一亿公司与大款公司签订《股权质押合同》，约定一亿公司将自己持有的元元公司 50% 的股权出质给大款公司，为缺钱公司《借款协议》项下债务提供质押担保。《股权质押合同》签订后，双方一同办理了股权质押登记。

因缺钱公司未按照合同约定偿还大款公司借款本金及利息，大款公司向法院提起诉讼，要求判令：1. 缺钱公司立即向大款公司偿还借款本息；2. 邓小妹与雄大哥对本案债务承担连带清偿责任；3. 大款公司有权对一亿公司出质的元元公司 50% 的股权以折价或拍卖、变卖所得的款项优先受偿。

一亿公司辩称，不同意承担质押担保责任。根据《公司法》第十六条第一款的规定，公司向其他企业投资或者为他人提供担保，依照公司章程的规定，由董事会或者股东会、股东大会决议。缺钱公司提交的一亿公司的董事

---

① 北京市第二中级人民法院法官助理。

会决议并不真实，一亿公司不应承担质押担保责任。

邓小妹与雄大哥辩称，不同意对缺钱公司的债务承担连带清偿责任。由于缺钱公司的同一笔债务同时存在质押担保与保证担保，大款公司应主张折现、拍卖与变卖质押物所得价款优先受偿，不应同时起诉二保证人。

法院经审理认为《借款协议》《担保函》《股权质押合同》均系各方当事人真实意思表示，并未违反法律、行政法规的强制性规定，合法有效，各方当事人应当按照合同约定履行义务。大款公司已经向缺钱公司实际出借6000万元，缺钱公司应按照合同约定归还借款本金及利息。

本案中，大款公司提交了一亿公司2017年3月12日形成的董事会决议，决议由全体董事会成员表决通过一亿公司将其持有的元元公司50%股权为缺钱公司提供担保，全体董事会成员在决议上签字。该决议符合一亿公司章程中关于公司对外担保的规定。虽一亿公司否认该决议的真实性，但未提交证据证明其主张，故对于一亿公司的抗辩理由不予支持。一亿公司与大款公司在签订《股权质押合同》后，对出质的股权进行了登记，故该股权质押已设立，大款公司对一亿公司出质的股权享有优先受偿权。邓小妹与雄大哥亦应按照《担保函》的内容对缺钱公司债务承担连带清偿责任。故一审判决：1.缺钱公司在判决书生效后十日内向大款公司偿还借款本金及利息；2.邓小妹与雄大哥对本判决第一项确定的债务承担连带清偿责任；3.大款公司有权对一亿公司出质的元元公司50%的股权以折价或拍卖、变卖所得的款项优先受偿。

在这个案例中，出借人大款公司为确保自己的债权能够获得清偿，要求债务人缺钱公司提供了较为丰富的担保。同一债权存在两个保证担保和一个第三人的质押担保，构成了混合担保。混合担保的概念是什么？在混合担保中，承担担保责任是否有顺序？承担了担保责任的担保人能否向其他担保人追偿？两名连带保证人之间是否可以相互追偿？这些问题值得研究。

## ⚖ 法理分析

（一）混合担保的概念

在实践中，为了保证债权的实现，当事人在同一个债上设立多个主体多个种类的担保十分常见。《民法典》第三百九十二条对混合担保的担保物权实现规则进行了规定："被担保的债权既有物的担保又有人的担保的，债务人不履行到期债务或者发生当事人约定的实现担保物权的情形，债权人应当按照约定实现债权；没有约定或者约定不明确，债务人自己提供物的担保的，债权人应当先就该物的担保实现债权；第三人提供物的担保的，债权人可以就物的担保实现债权，也可以请求保证人承担保证责任。提供担保的第三人承担担保责任后，有权向债务人追偿。"

由此可见，混合担保就是在同一个债权债务关系中，既有物的担保，又有人的担保的情形。根据该条法律的规定，下文笔者分具体情形来具体分析一下。

（二）同时存在债务人物的担保与保证人时担保责任的承担顺序

在物的担保是由债务人自己提供的情形下，首先应该分析当事人之间有没有对于担保责任承担的顺序进行约定。因为混合担保中担保责任承担顺序并不会对社会公共利益造成影响，当事人可以意思自治，所以如果当事人有约定的情况下，应该从其约定。

如果当事人对此没有约定或约定不明，则应该先就债务人提供的物保实现债权。因为债务人是还款的第一责任人，当债务人自己提供的物的担保与第三人的保证或物保同时存在的时候，债权人应先对债务人的物保要求实现债权。这样简化了承担责任的担保人向债务人追偿的程序，能更好地兼顾公平与效率。

（三）在混合担保中，担保责任的承担是否有顺序

首先，还是要看是否有约定，当担保人之间没有约定的时候，针对同一

债权，同时存在保证人与第三人提供的物的担保时，是否有担保责任承担的顺序呢？答案是没有顺序。第三人提供物的担保的，债权人可以就物的担保实现债权，也可以要求保证人承担保证责任。

对于物保承担的责任优先还是人的担保责任优先的问题，在理论上有不同的看法。一种观点认为物的担保责任绝对优先，也被称为保证人绝对优待主义，该观点的主要理由就是物的担保实现更加直接有效。另一种观点认为物的担保相对有效，相对优待保证人。《德国民法典》《法国民法典》采用的就是这种观点。持这种观点的人认为，因为物的担保只是及于物的价值，但是人的保证是对全部债务承担无限责任。

我国《民法典》采用的是物的担保与人的担保平等说。该说认为如果当事人之间对实现债权的顺序没有约定的或者约定不明的，债权人可以进行选择。

（四）在混合担保中，承担了担保责任的担保人能否向其他担保人追偿

针对这个问题，在《最高人民法院关于适用〈中华人民共和国民法典〉有关担保制度的解释》颁布之前，由于原《担保法解释》与原《物权法》之间的规定并不一致，形成了两种不同的观点。一种观点认为可以追偿，另一种观点认为不可追偿。

原《担保法解释》第三十八条第一款规定，同一债权既有保证又有第三人提供物的担保的，债权人可以请求保证人或者物的担保人承担担保责任。承担了担保责任的担保人，可以向债务人追偿，也可以要求其他担保人清偿其应当分担的份额。由此可知，根据原《担保法解释》的规定，在混合担保中，是允许承担了保证责任的担保人向其他担保人追偿的。

原《物权法》第一百七十六条规定，提供担保的第三人承担担保责任后，有权向债务人追偿。之后便没有规定承担了担保责任的担保人可以要求其他担保人清偿其分担的份额。

有人会觉得原《物权法》第一百七十六条是法律空白，这种空白可以用

原《担保法解释》进行填补，继续适用原《担保法解释》的规定即可。还有一些人认为，由于原《物权法》颁布在原《担保法解释》之后，根据新法优于旧法的原则，且原《物权法》第一百七十八条明确规定，担保法与本法的规定不一致的，适用本法。承担担保责任的人有权追偿与物权法的规定相冲突，故应不再适用。

2019 年《全国法院民商事审判工作会议纪要》认为，在混合担保中，担保人之间不能互相追偿。其理由是引用了全国人大法工委主编的《物权法释义》，主要有以下四点：一是在各担保人之间没有共同担保的意思的情况下，相互求偿缺乏法理依据，也有违担保人为债务人提供担保的初衷。二是担保人相互求偿后，还可以向最终的责任人即债务人求偿，程序上费时费力，不经济。三是每个担保人在设定担保时，都应该明白自己面临的风险，即在承担了担保责任后，只能向债务人追偿，如债务人没有清偿能力，自己就会受到损失。为避免出现此种风险，担保人就应当慎重提供担保，或者对于担保作出特别约定。四是如果允许担保人之间相求偿，其份额不好确定，可操作性不强。由此，我们可以看出，在原《物权法》中并没有约定在混合担保中担保人之间可以相互追偿，并不是一种意外，而是立法者有意为之。故《全国法院民商事审判工作会议纪要》认为在混合担保中，担保人之间不能追偿，但担保人在担保合同中有约定的除外。

2021 年 1 月 1 日起施行的《最高人民法院关于适用〈中华人民共和国民法典〉有关担保制度的解释》对混合担保中担保人之间是否可以追偿进行了规定，该解释第十三条规定，同一债务有两个以上第三人提供担保，担保人之间约定相互追偿及分担份额，承担了担保责任的担保人请求其他担保人按照约定分担份额的，人民法院应予支持；担保人之间约定承担连带共同担保，或者约定相互追偿但是未约定分担份额的，各担保人按照比例分担向债务人不能追偿的部分。同一债务有两个以上第三人提供担保，担保人之间未对相互追偿作出约定且未约定承担连带共同担保，但是各担保人在同一份合同书上签字、盖章或者按指印，承担了担保责任的担保人请求其他担保人按照比例分担向债务人不能追偿部分的，人民法院应予支持。除前两款规定的情形外，承担了担保责任的担保人请求其他担保人分担向债务人不能追偿部分的，人民法院不予支持。

## 知识拓展

作为现代经济中不可或缺的商事主体，非上市公司作为担保人对外担保的行为非常普遍，本案中的质押人就是非上市公司。非上市公司对外担保是否有其特别规定呢？

我国《公司法》第十六条第一款规定，公司向其他企业投资或者为他人提供担保，依照公司章程的规定，由董事会或者股东会、股东大会决议。

对于这条法律规范的理解，在司法实践中存在一些争议。有人认为，该条款是属于公司内部的要求，并不能影响公司对外担保的效力，也就是所谓的"盖章说"。该说认为公司对外担保，只要有法定代表人的签名或加盖了公司公章，担保合同就可认定有效。债权人无需对于公司是否对该担保行为进行了决议进行审查。此种观点使得《公司法》第十六条的规定被架空，也不利于保护公司股东的合法权益。

另一种人的观点与此完全相反，其认为，该条款是一个效力性规定，只要违反即没有经过决议或决议不适格，即不产生担保效力。这种观点过于加重了债权人的义务，不利于保护善意相对人的利益。

鉴于以上两种观点均存在一定的弊端，2019 年《全国法院民商事审判工作会议纪要》第十七条采取了另外一种相对折中的观点。该条规定，为防止法定代表人随意代表公司为他人提供担保给公司造成损失，损害中小股东利益，《公司法》第十六条对法定代表人的代表权进行了限制。根据该条规定，担保行为不是法定代表人所能单独决定的事项，而必须以公司股东（大）会、董事会等公司机关的决议作为授权基础和来源。法定代表人未经授权擅自为他人提供担保的，构成越权代表，人民法院应当根据原《合同法》第五十条关于法定代表人越权代表的规定，区分订立合同时债权人是否善意分别认定合同效力：债权人善意的，合同有效；反之，合同无效。

这种观点被称为"代表权限制说"，其认为《公司法》第十六条是对于法定代表人代表权的法定限制。公司对外担保的时候，由于涉及公司及股东的重大利益，故需要有股东（大）会或者董事会决议作为该项行为的基础。若没有经过公司决议，法定代表人对外签订担保合同的，则构成越权代表，需要通过原《合同法》关于法定代表人越权代表的规定，进行效力认定。

《最高人民法院关于适用〈中华人民共和国民法典〉有关担保制度的解释》对于该问题进行了明确规定，该解释第七条第一款规定，"公司的法定代表人违反公司法关于公司对外担保决议程序的规定，超越权限代表公司与相对人订立担保合同，人民法院应当依照民法典第六十一条和第五百零四条等规定处理：（一）相对人善意的，担保合同对公司发生效力；相对人请求公司承担担保责任的，人民法院应予支持。（二）相对人非善意的，担保合同对公司不发生效力；相对人请求公司承担赔偿责任的，参照适用本解释第十七条的有关规定。"

法定代表人超越权限提供担保造成公司损失，公司请求法定代表人承担赔偿责任的，人民法院应予支持。

何谓"善意"？并不是指当事人是个善良的小白兔，在这里规定的善意是指相对人在订立担保合同时不知道且不应当知道法定代表人超越权限。相对人有证据证明已对公司决议进行了合理审查，人民法院应当认定其构成善意，但是公司有证据证明相对人知道或者应当知道决议系伪造、变造的除外。

该解释第八条规定，"有下列情形之一，公司以其未依照公司法关于公司对外担保的规定作出决议为由主张不承担担保责任的，人民法院不予支持：（一）金融机构开立保函或者担保公司提供担保；（二）公司为其全资子公司开展经营活动提供担保；（三）担保合同系由单独或者共同持有公司三分之二以上对担保事项有表决权的股东签字同意。上市公司对外提供担保，不适用前款第二项、第三项的规定。"

该解释第八条将《全国法院民商事审判工作会议纪要》规定的仅有四种

无需公司作出决议的情形①进行了修改，将当事人依据公司未依照公司法关于公司对外担保的规定作出决议为由主张不承担担保责任的情形进行了限缩，仅有三种情形。也就是说，除了法律规定的上述三种情形外，其他的公司提供担保的，债权人都要对公司决议进行合理审查。

## 普法提示

通过分析本案，我们明确了混合担保的概念，分析了混合担保下是否有承担担保责任的顺序，以及担保人之间是否可以相互追偿等问题。另外，我们还针对公司对外担保的问题进行了拓展，在这里也向大家提示。

需明确的是，本文所讨论的公司对外担保制度，并不适用于上市公司。上市公司对外担保有其特殊的约定，本文不作探讨。

在提供担保的担保人是公司的情形下，债权人务必要注意该公司担保是否经过了公司的决议（无须决议的情形除外）。因为法律明确地对法定代表人的代表权限进行了限制，故仅有法定代表人的签名或公司盖章会导致公司对外担保无效，使该债权无法得到应有的担保，从而造成利益损害。

当提供担保的公司提交了决议后，债权人要对此进行形式审查，可以通过国家企业信用信息公示系统、企查查等网站核实股东或者董事的身份是否属实。还要区分是否属于为其股东或实际控制人进行的担保即关联担保，根据《公司法》第十六条第二款的规定，公司为公司股东或者实际控制人提供担保的，必须经股东会或者股东大会决议。前款规定的股东或者受前款规定的实际控制人支配的股东，不得参加前款规定事项的表决。该项表决由出席会议的其他股东所持表决权的过半数通过。债权人要核实被担保的关联股东

---

① 《全国法院民商事审判工作会议纪要》规定了仅有四种无需公司作出决议的情形：1. 公司是以为他人提供担保的担保公司或是开展保函业务的银行或者非银行金融机构；2. 公司为其直接或间接控制的公司开展经营活动的向债务人提供的担保；3. 公司与主债务人之间存在相互担保等商业合作关系；4. 担保合同系由单独或者共同持有公司三分之二以上有表决权的股东签字同意的。

是否参与表决，当排除被担保股东表决权时该表决是否由出席其他股东所持表决权的过半数通过。

对于非关联担保应按照担保公司的公司章程判断，是由股东会决议还是董事会进行决议。如果章程未作规定的，则由股东（大）会、董事会作出决议均可。如果章程规定应由董事会决议，而实际由股东会决议的，根据举重以明轻的原则，股东会决议也是适格决议。如果章程规定应由股东会作出决议，而实际上是由董事会作出决议，由于公司章程对于公司权力机构的限制不可对抗善意第三人，除非公司是上市公司，相对人知道或应当知道公司章程的规定的。由此可见，在非关联担保中，原则上只要有决议即可。并对股东会或董事会的决议进行审查，同意决议的人数及签字人员符合公司章程的规定。

由于当发生纠纷时，公司往往以法定代表人超越权限为由而认为是越权代表，从而主张担保合同无效。这时债权人要举证证明自己当时对决议已经进行了形式审查。故债权人在进行审查时一定要注意留存相关证据，如决议复印件、审查记录等。

案例四

# 债务人涉嫌犯罪，债权人能否请求保证人承担保证责任？

## ——借款人实施诈骗，对保证合同效力的影响

曹欣[1]　苏琪越[2]

## 案情回顾

（一）基本案情

2016 年 10 月 11 日，李爱国通过自己的银行卡给毕建军的银行账户转账 100 万元借款。毕建军给李爱国写了借条，上面写明了："我毕建军从李爱国处借得并存到我个人账户人民币 1000000 元（壹佰万元整），借款期限 60 天，于 2017 年 12 月 30 日归还。"出借人李爱国、借款人毕建军均在借条上签了字。同时，赵颖作为保证人也在借条上签字捺印。

2017 年 12 月 30 日借款到期，毕建军没有如期还款。李爱国经打听得知，毕建军因涉嫌刑事诈骗，已经于 2018 年 1 月 2 日被北京市公安局房山分局立案侦查。毕建军的诈骗行为就包括本案其向李爱国借的 100 万元。为实现自己的债权，李爱国找到保证人赵颖，要求其承担保证责任。面对李爱国的催要，赵颖并未向李爱国偿还过任何欠款，李爱国遂将赵颖诉至法院，要求其偿还本金及利息。

（二）审理过程

本案经过了一审、二审两级诉讼。

一审中，赵颖主张毕建军实施诈骗行为，本案借款 100 万元也是诈骗案

---

① 北京市第二中级人民法院民三庭法官。

② 北京市第二中级人民法院民三庭法官助理。

的其中一笔钱，李爱国与毕建军之间的借款合同属以合法形式掩盖非法目的，应为无效，从而李爱国与赵颖之间的保证合同也应无效，因此赵颖不应承担保证责任。且认为李爱国只起诉保证人不符合法律规定，法院不应受理。李爱国认为，毕建军是否实施诈骗行为，刑事案件还没有审结，尚不能认定其犯罪。本案借条的内容不违反原《合同法》的相关规定，李爱国与毕建军的民间借贷关系成立有效，赵颖应当承担担保责任。一审法院首先认为，李爱国与毕建军之间的民间借贷关系以及与赵颖之间的保证合同关系，系当事人的真实意思表示，不违反法律、行政法规的强制性规定，应属有效。当事人应当按照法律规定履行各自的义务。另根据我国原《担保法》第十九条规定认定本案赵颖承担连带保证责任。后认定李爱国单独将保证人赵颖作为被告提起诉讼，符合法律规定。遂判决赵颖向李爱国承担保证责任。

赵颖不服一审判决，提起上诉。二审法院认为，合同行为系双方行为，是双方当事人意思表示一致的结果，故应依双方共同意思表示判定合同是否具有非法目的。根据《民法典》第一百四十六条的规定，行为人与相对人以虚假的意思表示实施的民事法律行为无效。本案中，并无证据证明李爱国向毕建军出借涉案款项具有非法目的，其债权不应因合同相对方毕建军的行为涉嫌犯罪而遭受减损。因此，李爱国与毕建军之间的借款合同不存在无效情形。赵颖主张借款合同无效不能成立。李爱国实际向毕建军交付了借款，双方的借贷行为成立并生效。赵颖为毕建军的该笔借款向李爱国提供保证担保，不违反我国法律、行政法规的强制性规定，应当认定有效。根据原《担保法解释》第三十四条第二款规定，李爱国单独起诉保证人赵颖，符合法律的规定。一审法院判决赵颖就毕建军所欠的借款本金及利息向李爱国承担保证责任，于法有据，并无不当。遂驳回了赵颖的上诉。

具体到本案中，有两个问题值得探讨。一是李爱国与毕建军之间的民间借贷合同是否合法有效，质言之，民间借贷合同的债务人涉嫌刑事犯罪或者刑事裁判认定其构成犯罪，民间借贷合同是否仍然有效？二是在前述的情形下，债权人能否可以单独以保证人作为被告提起诉讼？笔者将在下文对此进行解答。

## ⚖ 法理分析

（一）民间借贷合同的债务人涉嫌刑事犯罪或者刑事裁判认定其构成犯罪，民间借贷合同的效力原则上不受影响

法院在对本案民间借贷合同的效力进行认定的时候，主要适用了以下法律规定：

《民法典》第一百四十六条："行为人与相对人以虚假的意思表示实施的民事法律行为无效。以虚假的意思表示隐藏的民事法律行为的效力，依照有关法律规定处理。"

《最高人民法院关于审理民间借贷案件适用法律若干问题的规定》（2020年第二次修正）第十二条："借款人或者出借人的借贷行为涉嫌犯罪，或者已经生效的裁判认定构成犯罪，当事人提起民事诉讼的，民间借贷合同并不当然无效。人民法院应当依据民法典第一百四十四条、第一百四十六条、第一百五十三条、第一百五十四条以及本规定第十三条之规定，认定民间借贷合同的效力。担保人以借款人或者出借人的借贷行为涉嫌犯罪或者已经生效的裁判认定构成犯罪为由，主张不承担民事责任的，人民法院应当依据民间借贷合同与担保合同的效力、当事人的过错程度，依法确定担保人的民事责任。"

《最高人民法院关于审理民间借贷案件适用法律若干问题的规定》（2020年第二次修正）第十三条："具有下列情形之一的，人民法院应当认定民间借贷合同无效：（一）套取金融机构贷款转贷的；（二）以向其他营利法人借贷、向本单位职工集资，或者以向公众非法吸收存款等方式取得的资金转贷的；（三）未依法取得放贷资格的出借人，以营利为目的向社会不特定对象提供借款的；（四）出借人事先知道或者应当知道借款人借款用于违法犯罪活动仍然提供借款的；（五）违反法律、行政法规强制性规定的；（六）违背公序良俗的。"

本案中，毕建军涉嫌刑事诈骗，民间借贷合同并不当然无效。赵颖主张

本案合同系以合法形式掩盖非法目的，故应当认定无效。合同行为系双方行为，是双方当事人意思表示一致的结果，故应依双方共同意思表示判定合同是否具有非法目的。根据《民法典》第一百四十六条的规定，本案中，并无证据证明李爱国向毕建军出借涉案款项具有非法目的，其债权不应因合同相对方毕建军的行为涉嫌犯罪而遭受减损。此外，也不存在《最高人民法院关于审理民间借贷案件适用法律若干问题的规定》（2020年第二次修正）第十三条规定的几种无效情形，因此本案的民间借贷合同是合法有效的。

从此延伸开来，笔者提示在认定涉嫌诈骗类犯罪的民间借贷合同效力时，应区分两个行为：诈骗行为与合同行为。这两个行为在手段、目的、意思表示上均有所不同。诈骗行为是合同一方当事人所实施的以签订合同为手段、以骗取财物为目的的行为；合同行为则是双方当事人意思表示一致的情况下共同实施的行为。刑法的聚焦点是诈骗行为，所评价的是该行为是否严重到触犯刑律需施以刑罚处罚的程度；民法的着眼点是合同行为，所评价的是该行为是否是当事人真实的意思表示一致的结果，是否应赋予该行为以私法上的效力。因此，对于诈骗行为与合同行为应分别置于刑法和民法的视阈下进行评价。民间借贷合同的债务人的诈骗行为侵害国家利益，并不意味着缔约双方的合同行为也损害国家利益。合同行为是否侵害国家利益，评价的对象是合同本身。也因此，诈骗行为构成犯罪与合同行为有效（或可撤销）并不存在逻辑矛盾。由此，对于涉嫌诈骗犯罪的民间借贷，其效力并不当然受犯罪与否的影响。存在犯罪行为，民事合同仍有可能有效；不存在犯罪行为，民事合同也有可能因为恶意串通损害他人利益而无效。在我国"涉犯罪的合同当然无效"的观点流行泛化的情况下，应促使人们从民法角度看待合同的效力，以民法的思维判断合同的效力，而非简单粗暴地以刑法思维定向取代。

（二）债务人涉嫌犯罪或者生效判决认定其有罪，债权人可以单独以保证人作为被告提起诉讼

在判定债务人涉嫌犯罪或者生效判决认定其有罪，债权人能否单独以保

证人作为被告提起诉讼时，法院适用了以下法律规定：

《最高人民法院关于审理民间借贷案件适用法律若干问题的规定》（2020年第二次修正）第八条："借款人涉嫌犯罪或者生效判决认定其有罪，出借人起诉请求担保人承担民事责任的，人民法院应予受理。"

根据以上规定可知，本案中李爱国将保证人赵颖单独作为被告提起诉讼，符合法律规定。

债务人涉嫌犯罪或者生效判决认定其有罪，债权人可以单独以保证人作为被告提起诉讼，向其主张权利，这一问题的本质是民刑交叉案件的程序处理问题，主要是指行为人涉嫌刑事犯罪，民商案件应否受理以及如果受理和审理后是否应中止。对于这一问题，最高人民法院先后颁布了相关的司法解释、司法政策等。1998年颁布实施的《最高人民法院关于审理经济纠纷案件中涉及经济犯罪嫌疑若干问题的规定》第一条规定，在同一当事人之间，因不同法律事实分别涉及经济纠纷和经济犯罪嫌疑的民事案件和刑事案件应分开审理，首先确定了"分开审理"的原则。《最高人民法院关于审理民间借贷案件适用法律若干问题的规定》（2015年9月1日起施行）第八条确立了借款人涉嫌或构成刑事犯罪时出借人起诉担保人的"民刑分离"司法处理原则，也为后面历次修订的司法解释所延续。[①]《全国法院民商事审判工作会议纪要》第一百二十八条规定，同一当事人因不同事实分别发生民商事纠纷和涉嫌刑事犯罪，民商事案件与刑事案件应当分别审理，由此确立了民刑交叉案件"分别受理、分别审理"的原则。民事诉讼与刑事诉讼在价值取向、诉讼目的、诉讼原则、证据认定标准、责任构成等方面均存在较大的差异，刑

---

[①] 《最高人民法院关于审理民间借贷案件适用法律若干问题的规定》（2015年9月1日起施行）第八条：借款人涉嫌犯罪或者生效判决认定其有罪，出借人起诉请求担保人承担民事责任的，人民法院应予受理。《最高人民法院关于审理民间借贷案件适用法律若干问题的规定》（2020年第一次修正）第八条：借款人涉嫌犯罪或者生效判决认定其有罪，出借人起诉请求担保人承担民事责任的，人民法院应予受理。《最高人民法院关于审理民间借贷案件适用法律若干问题的规定》（2020年第二次修正）第八条：借款人涉嫌犯罪或者生效判决认定其有罪，出借人起诉请求担保人承担民事责任的，人民法院应予受理。

事法律关系与民商事法律关系、刑事责任与民事责任是完全异质的两种法律关系和法律责任，两者不能相互替代。[①]自此，实务界与理论界基本达成共识，民刑交叉案件一般应遵循分别受理、分别审理的原则，即如果其既存在民商事法律关系又存在刑事法律关系，则应分别作为民商事案件、刑事案件受理、审理。在《全国法院民商事审判工作会议纪要》中规定的"分别受理和审理的具体情形"中就包括本案主合同的债务人涉嫌刑事犯罪或者刑事裁判认定其构成犯罪，债权人请求担保人承担民事责任的情形。

就担保行为与犯罪行为之间的关系而言，担保关系发生在债权人与担保人之间，第三人为他人的借款债务提供担保，是基于意思自治的合同行为，担保人与债权人之间的担保法律关系应认定为独立于刑事法律关系的单纯民事法律关系，并不侵犯刑事法律规范。故借款行为构成刑事犯罪，不应牵连第三人为借款行为提供的担保。在这种情形下，因刑事诉讼发生在债权人与债务人之间，而民事诉讼发生在债权人与担保人之间，当事人并不相同，因此两种诉讼审理的法律事实并不同一，也不存在民事诉讼能够为刑事诉讼所吸收的问题，故对于此种情形下债权人起诉保证人承担民事责任的，法院应当受理。

### 知识拓展

本案是一个涉及民刑交叉的案件，上文也提到过目前民刑交叉案件一般应遵循分别受理、分别审理的原则。那么，除了本案这种主合同的债务人涉嫌刑事犯罪，债权人请求担保人承担保证责任的情形以外，《全国法院民商事审判工作会议纪要》第一百二十八条还规定了其他几种典型的情形，笔者在此做一下拓展。

1.行为人以法人、非法人组织或者他人名义订立合同的行为涉嫌刑事犯

---

① 最高人民法院民事审判第二庭编：《〈全国法院民商事审判工作会议纪要〉理解与适用》，人民法院出版社 2019 年版，第 650 页。

罪或者刑事裁判认定其构成犯罪，合同相对人请求该法人、非法人组织或者他人承担民事责任的。

由于刑事案件的被告人是行为人，而民事诉讼的被告人是法人、非法人组织或者他人，故民事诉讼和刑事诉讼的法律主体和法律关系并不相同，刑事诉讼并不解决民事诉讼被告方的责任问题，故权利人需另行提起民事诉讼救济自己的民事权利，民事案件与刑事案件应当分别受理和审理。

2. 法人或者非法人组织的法定代表人、负责人或者其他工作人员的职务行为涉嫌刑事犯罪或者刑事裁判认定其构成犯罪，受害人请求该法人或者非法人组织承担民事责任的。

该情形下分别受理和审理的法理同前述第 1 项情形，但其与第 2 项规定的不同之处在于：本项规定着重强调的是法人或者非法人组织的法定代表人、负责人或者其他工作人员的职务行为构成刑事犯罪，被害人以单位为被告提起民事诉讼。而第 1 项则是除此之外的行为人以法人、非法人组织名义从事行为的情形。司法实务中，原告方提起民事诉讼主要基于两种法律关系提出诉求。第一种情形是行为人涉嫌犯罪，合同相对人主张构成表见代理、表见代表，要求行为人所在单位承担合同法律关系项下的民事责任。第二种情形是合同相对人认为单位对行为人具有管理上的过错，由于其管理上的过错导致相对人信赖行为人可以代表或者代理单位行为而致损失，诉求单位承担侵权赔偿责任。

3. 侵权行为人涉嫌刑事犯罪或者刑事裁判认定其构成犯罪，被保险人受益人或者其他赔偿权利人请求保险人支付保险金的。

该情形下，民事诉讼的被告方是保险人，而刑事诉讼的被告方是侵权行为人，民事诉讼与刑事诉讼的被告方并不相同，保险人的民事责任并不能在刑事诉讼中一体解决，故民事案件与刑事案件应分别受理和审理。

4. 受害人请求涉嫌刑事犯罪的行为人之外的其他主体承担民事责任的。

此为兜底规定，防止前述列举挂一漏万。

普法提示

　　合同是市场化配置资源的主要方式，合同纠纷也是民商事纠纷的主要类型。人民法院在审理合同纠纷案件时，要审慎认定合同效力。尤其是对于涉嫌刑事犯罪的民事合同，既要纠正"涉犯罪的合同当然无效"的观点，从民法角度看待合同的效力、以民法的思维判断合同的效力；同时，法院也应当依职权审查合同是否存在无效的情形，实现意思自治与国家强制之间的平衡。

　　此外，在民间借贷、P2P 等融资活动中，与诈骗、非法吸收公众存款罪等有关的民商事案件数量激增，尤其是民间借贷领域，出现了大量债务人涉嫌犯罪或者生效判决认定其有罪，债权人单独以保证人作为被告提起诉讼的案例。因此，如何处理好民刑交叉案件之间的程序关系成为迫切需要回答的现实问题。《全国法院民商事审判工作会议纪要》《最高人民法院关于审理民间借贷案件适用法律若干问题的规定》（2020 年修正）等均对这一问题有所回应，即应本着"分别受理、分别审理"的原则来处理民刑交叉案件之间的程序问题。因此，主合同的债务人涉嫌刑事犯罪或者刑事裁判认定其构成犯罪，债权人请求担保人承担民事责任的，法院应当受理。

**图书在版编目 (CIP) 数据**

担保合同纠纷典型案例解析 / 鲁桂华主编. —北京：
中国法制出版社，2022.1
（法官说法丛书）
ISBN 978-7-5216-2329-1

Ⅰ.①担…  Ⅱ.①鲁…  Ⅲ.①担保－经济合同－案例
－中国  Ⅳ.① D923.65

中国版本图书馆 CIP 数据核字（2021）第 252457 号

责任编辑：程思（chengsi@zgfzs.com）　　　　　　　　　　封面设计：杨泽江

**担保合同纠纷典型案例解析**
DANBAO HETONG JIUFEN DIANXING ANLI JIEXI

主编 / 鲁桂华
经销 / 新华书店
印刷 / 三河市国英印务有限公司
开本 / 710 毫米 × 1000 毫米　16 开　　　　　　　　印张 / 14.5　字数 / 214 千
版次 / 2022 年 1 月第 1 版　　　　　　　　　　　　　2022 年 1 月第 1 次印刷

中国法制出版社出版
书号 ISBN 978-7-5216-2329-1　　　　　　　　　　　　　　　定价：48.00 元

北京市西城区西便门西里甲 16 号西便门办公区
邮政编码：100053　　　　　　　　　　　　　　　　　传真：010-63141852
网址：http://www.zgfzs.com　　　　　　　　　　　编辑部电话：010-63141806
市场营销部电话：010-63141612　　　　　　　　　印务部电话：010-63141606
（如有印装质量问题，请与本社印务部联系。）